JN017942

生命科学の基礎知識

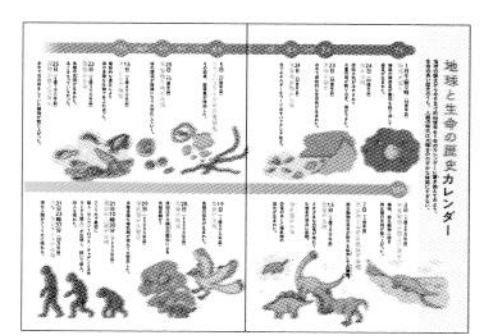
地球と生命の歴史カレンダー

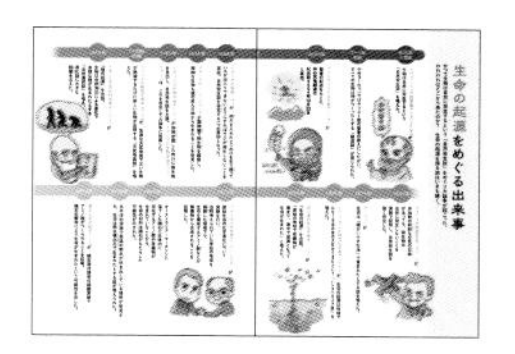
生命の起源をめぐる出来事

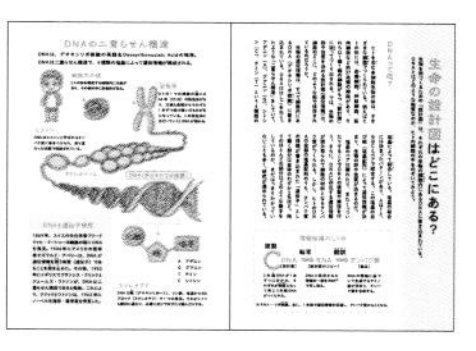
生命の設計図はどこにある?

DNAの二重らせん構造

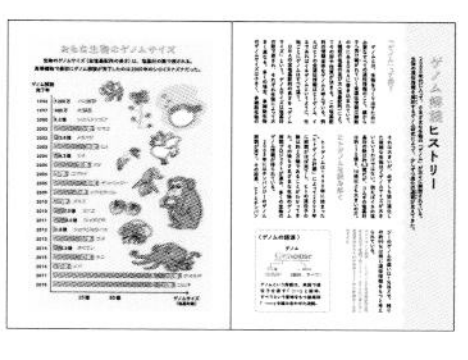
ゲノム解読ヒストリー

おもな生物のゲノムサイズ

地球と生命の歴史カレンダー

地球の誕生から今日まで約46億年を1年のカレンダーに置き換えてみよう。生命の長い歴史のうち、人類の時代は大晦日のわずかな時間にすぎない。

1月　2月　3月　4月　5月

1日午前0時（46億年前）
地球が誕生
無数の微惑星が衝突を繰り返して惑星が生まれた。

24日（44億年前）
海が出現
原始大気が冷やされて大量の雨が降り注ぎ、海ができた。

23日（38億年前）
生命が誕生
水中で原始的な生命体が生まれた。

24日（32億年前）
光合成生物が出現
光でエネルギーをつくり出すバクテリアなど。

12月

3日（3億6千万年前）
脊椎動物が陸上に進出
植物、節足動物に続き両生類の先祖が陸へ上がった。

7日（3億年前）
昆虫などの節足動物が出現
節足動物の昆虫が勢力を拡大して大繁殖。

13日（2億3千万年前）
恐竜が出現
さまざまな恐竜が現れて生態系の頂点に君臨。

哺乳類が出現
恐竜のあとに哺乳類の祖先が生まれた。

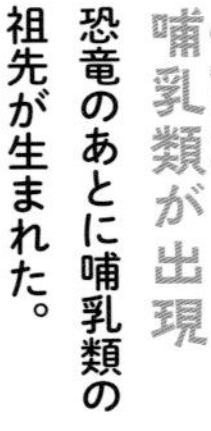

6月　7月　8月　9月　10月　11月

5日（27億年前）
シアノバクテリアが大量発生
その結果、酸素量が増加した。

25日（10億年前）
多細胞生物が出現
体の構造が複雑になり大型化していく。

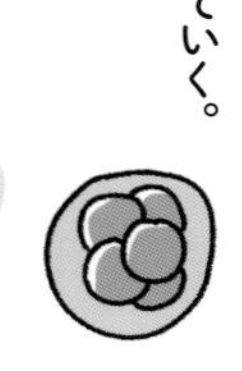

15日（5億4千万年前）
カンブリア爆発
爆発的な進化により
海は多様な生物であふれ返った。

22日（5億3千万年前）
魚類が出現
魚類の先祖が生まれた。
あごをもっていなかった。

25日（4億7千万年前）
植物が陸上に進出
水中で光合成をしていた植物が陸に上がった。

19日（1億5千万年前）
鳥類が出現
鳥類の祖先が生まれた。

28日（6600万年前）
恐竜が絶滅
原因は巨大隕石の衝突による
気候変動か？

29日（6500万年前）
哺乳類が大繁栄
多種多様な哺乳類が現れて大繁栄した。

31日10時30分（700万年前）
最初の人類が出現
アフリカで最初に
猿人（サヘラントロプス・チャデンミスや
ラミダス猿人）が出現し、続いて原人、
旧人も現れた。

31日23時37分（20万年前）
ホモ・サピエンスが出現
現生人類がアフリカに現れる。

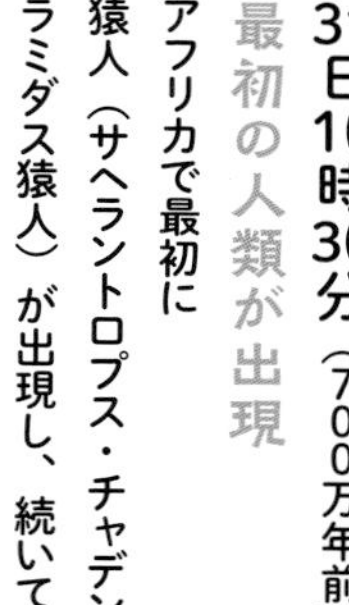

生命の起源をめぐる出来事

かつて生物は自然に発生するという「自然発生説」をめぐり大論争が起こった。
われわれはどこから来たのか？　生命の起源を探る旅はいまも続く。

紀元前4世紀

古代ギリシャの哲学者アリストテレスが、生物は自然に発生するという「自然発生説」を唱えた。

11〜16世紀

中世ヨーロッパではキリスト教の聖書の教えにしたがい、すべての生物は神がつくったとする「創造論」が信じられた。

1650年

アイルランドの大司教アッシャーが聖書の記述をもとに、神の天地創造は紀元前4004年10月22日と算出。

1861年

フランスの細菌学者パスツールが、非加熱の新鮮な空気の交換があっても、微生物は自然に発生しないことを実験で証明し、自然発生説を強く否定した。

1871年

ダーウィンが生命は「暖かい小さな池」で育まれたとする説を唱えた。

1903年

スウェーデンの物理化学者アレニウスが、生命の起源は地球ではなく宇宙の他の天体からきたという「パンスペルミア説」を唱えた。

1934年

旧ソ連の生化学者オパーリンが『生命の起源』を出版。「原始の地球で有機物が集まり、海中で液滴となって生命が生まれた」と唱えた。

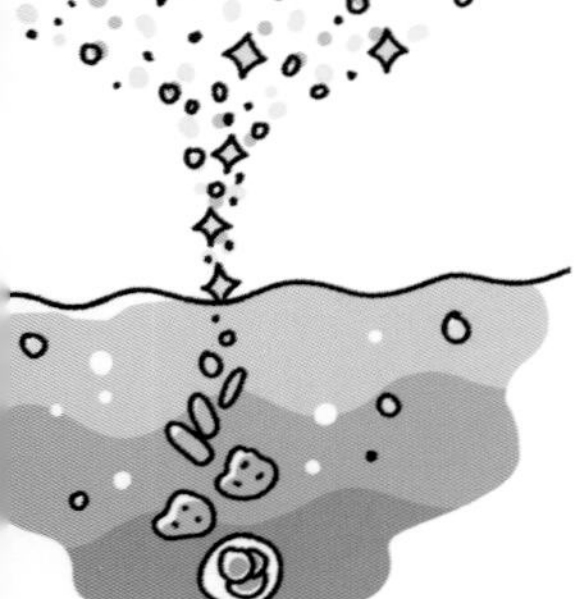

1668年

イタリアの医師レディが、肉片を入れたビンの口を布で覆ってハエが出入りできないようにすればウジが発生しないことを実証。自然発生説を否定する一つの要因となった。

1674年

オランダのレーウェンフックが顕微鏡で微生物を観察し、微細な生物も親の産んだ卵から生まれることを発見した。

1745年

イギリスの生物学者ニーダムが加熱密閉した肉汁に微生物を見出し、自然発生説を主張。イタリアの生物学者スパランツァーニは、これを否定して大論争に発展した。

19世紀初期

フランスの動物学者キュヴィエが、急激な天変地異で古い生物が絶滅するたびに新しい生物が出現する「天変地異説」を唱えた。

1859年

イギリスの自然科学者ダーウィンが『種の起源』を出版。生物は自然淘汰による進化で多様な種が生まれたとする「自然選択説」を唱え、進化論に大きな影響を与えた。

1953年

アメリカの化学者ユーリーとミラーが原始生命の化学進化について実験を行い、当時考えられていた原始の地球を模倣した環境下で、生命を構成するアミノ酸などが無機物から合成されることを証明した。

1969年

オーストラリア・マーチソンに落下した隕石に生体内に存在するアミノ酸や有機物が含まれていたことから、生命の材料は隕石がもたらした可能性が示された。

1970年

太平洋の深海で高温の熱水が吹き出している場所が発見され、生命は熱水噴出孔で生まれたとする説が唱えられた。

2008年

東北大学の研究チームが、隕石海洋爆発の模擬実験でアミノ酸がつくられることを証明。隕石の衝突により生命が生まれたという可能性を示した。

顕微鏡を発明した人々

16世紀末、中世ヨーロッパで生まれた顕微鏡。光から電子へ、顕微鏡の進化によって科学は飛躍的に発展し、ウイルスやDNAなど生命の謎に迫る研究の扉を開いた。

1590年

複式顕微鏡の発明

オランダのメガネ職人ヤンセン親子が、2枚の凸レンズを組み合わせた顕微鏡を発明。

1665年

植物の細胞を発見

イギリスの物理学者ロバート・フックが、改良した顕微鏡を使って植物の細胞を発見。

1674年

微生物の発見

オランダのアントーニ・ファン・レーウェンフックが、レンズ1枚の単式顕微鏡を開発。

1781年

日本産顕微鏡第1号

小林規右衛門が日本ではじめてカルペッパー型の木製顕微鏡「天明顕微鏡」を製作。

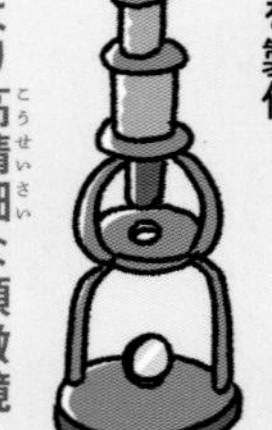

1879年

より高精細な顕微鏡へ

ドイツの物理学者エルンスト・アッベらが、より高精細な顕微鏡を安定供給するための研究を進める。

顕微鏡の倍率

顕微鏡は適切な倍率で観察するのがポイント!

倍率	見えるもの
10〜20倍	ミジンコ
50倍	昆虫の細部
100倍	ゾウリムシ
200倍	植物の花粉
400倍	ミドリムシ
800〜1500倍	細胞内小器官や染色体
2000〜100万倍(電子顕微鏡)	DNA

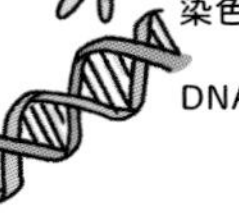

1800年代

双眼実体顕微鏡の登場

望遠鏡のあとに双眼鏡が開発されたように、アメリカの生物学者ホレイショ・グリノーのアイデアをもとに、本格的な双眼実体顕微鏡が開発された。

1931年

電子顕微鏡の発明

ドイツの物理学者エルンスト・ルスカが世界初の透過型電子顕微鏡を開発。1986年ノーベル物理学賞。

1932年

位相差顕微鏡の発明

オランダの物理学者フリッツ・ゼルニケが、無染色の透明な標本の凹凸を観察できる位相差顕微鏡を発明。

1957年

共焦点顕微鏡の登場

アメリカのマービン・ミンスキーが、共焦点顕微鏡の理論を提案。のちに開発されたレーザー光源と組み合わせ、3次元画像の作製が可能に。

1981年

新タイプの電子顕微鏡

ドイツの物理学者ゲルト・ビーニッヒとハインリッヒ・ローラーが走査型トンネル顕微鏡を開発。1986年ノーベル物理学賞。

1985年

原子間力顕微鏡

走査型トンネル顕微鏡よりも幅広い試料を自然に近い状態で観察できる顕微鏡が登場。

2000年頃〜

デジタル革命

対象物をモニターに映し出すデジタル顕微鏡が普及。データの取り扱いや画像解析が便利に。

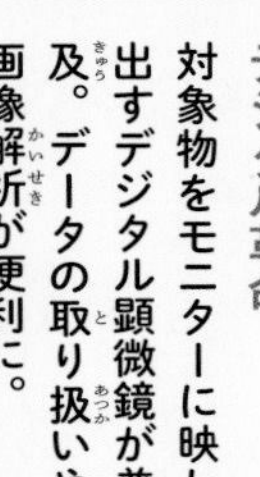
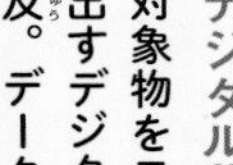

生命の設計図はどこにある？

生物を形づくるための「設計図」は、それぞれの生物の細胞内にあるDNAに書き込まれている。DNAとはどのような物質なのか、ヒトの細胞の中をのぞいてみよう。

DNAって何？

ヒトを含む多細胞生物の体は、さまざまな細胞でつくられている。例えばヒトの体には、皮膚細胞、神経細胞、筋肉細胞など約37兆個の細胞があり、それらは1個1個の細胞がもつ「設計図」に従ってつくり出される。では、生物の形や性質を決める設計図（遺伝情報）は、細胞のどこに、どのような形で保存されているのだろうか。

生物の遺伝情報は、すべて細胞内にあるDNA（デオキシリボ核酸）に書き込まれている。DNAははしごをねじったような「二重らせん構造」をしていて、アデニン（A）、グアニン（G）、シトシン（C）、チミン（T）という4種類の塩基によって結合している。塩基の結合には決まったパターンがあり、AはTと、GはCとペアで結合する。この塩基の並び順（塩基配列）によって遺伝情報が決まり、生物の形や性質が決まるのだ。

塩基のペアは離れたり、またくっついたりすることでDNAの複製や修復を行う。さらに、DNAに存在する遺伝情報が読み取られて細胞の材料となるタンパク質がつくられる。しかし、ヒトのDNAの全部の塩基配列のうち、タンパク質の情報が書き込まれた「遺伝子」として働く部分は全体のわずか2%ほど。残りのほとんどの部分はどのような働きをしているのか、まだはっきりわかっていないことも多く、研究が進められている。

情報伝達のしくみ

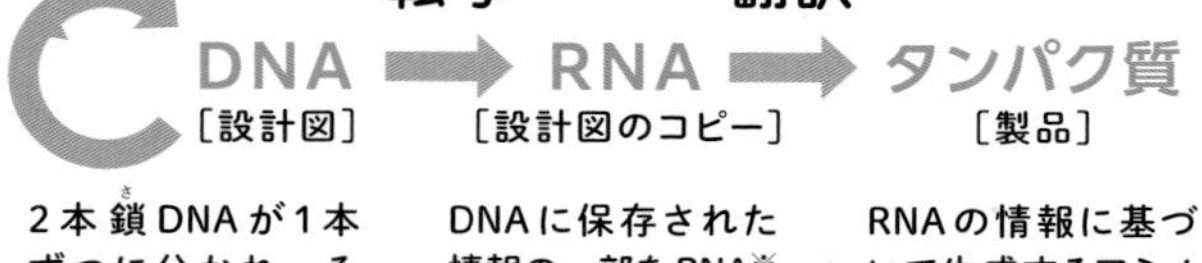

複製
転写
翻訳

DNA［設計図］ → RNA［設計図のコピー］ → タンパク質［製品］

2本鎖DNAが1本ずつに分かれ、それぞれが鋳型となって同じ2本鎖DNAがつくられる。

DNAに保存された情報の一部をRNA※で写し取る。

RNAの情報に基づいて生成するアミノ酸が決まり、タンパク質を合成する。

※RNA…リボ核酸。主に、1本鎖で遺伝情報を伝達し、タンパク質のもととなる。

DNAの二重らせん構造

DNAは、デオキシリボ核酸の英語名Deoxyribonucleic Acidの略称。

DNAは二重らせん構造で、4種類の塩基によって遺伝情報が構成される。

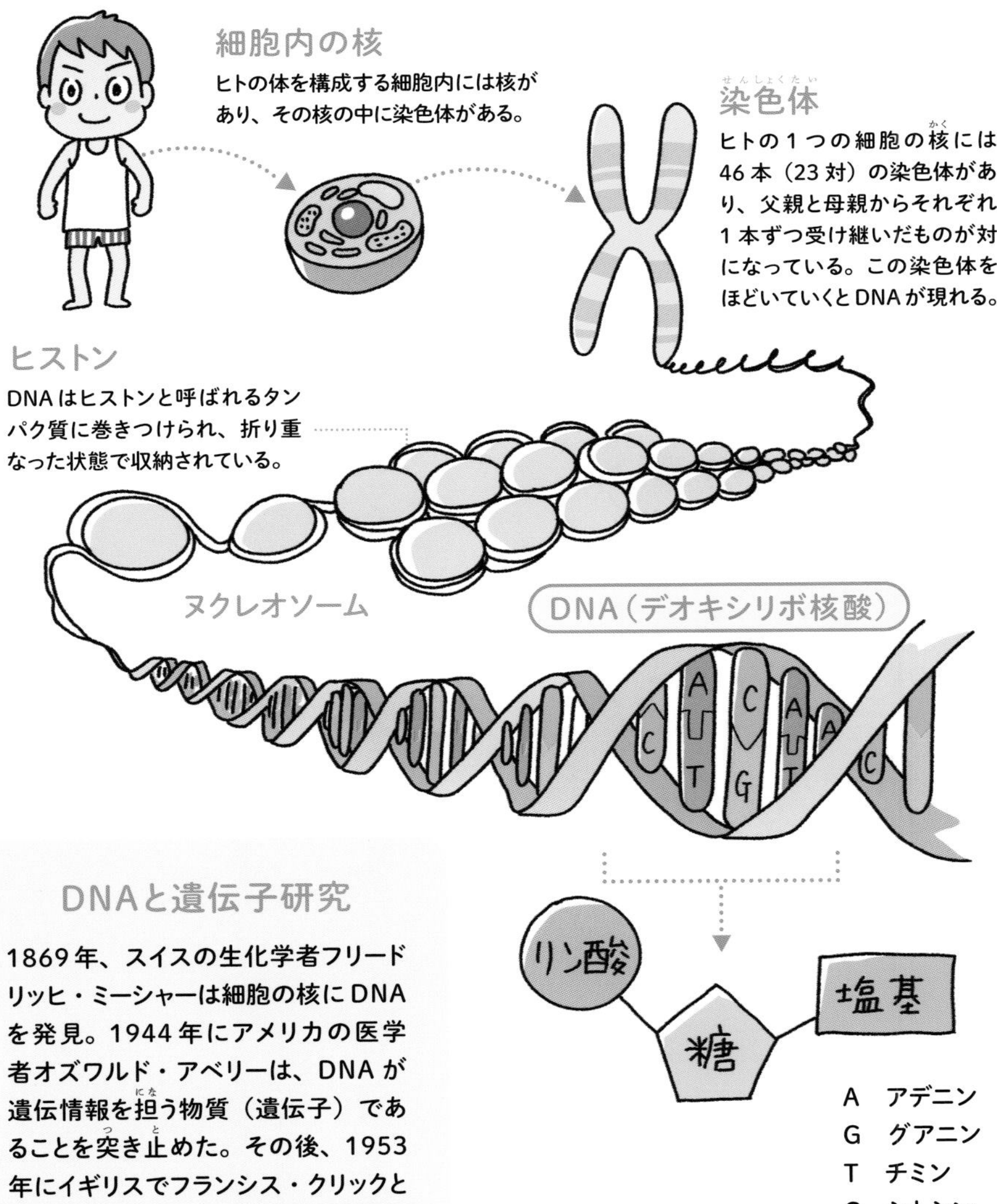

細胞内の核

ヒトの体を構成する細胞内には核があり、その核の中に染色体がある。

染色体（せんしょくたい）

ヒトの1つの細胞の核（かく）には46本（23対）の染色体があり、父親と母親からそれぞれ1本ずつ受け継いだものが対になっている。この染色体をほどいていくとDNAが現れる。

ヒストン

DNAはヒストンと呼ばれるタンパク質に巻きつけられ、折り重なった状態で収納されている。

ヌクレオチド

DNAは糖（とう）（デオキシリボース）、リン酸、塩基からなるブロック（ヌクレオチド）で1つの単位。それがいくつも鎖状に連なり、必要に応じて伸びたり縮んだりする。

DNAと遺伝子研究

1869年、スイスの生化学者フリードリッヒ・ミーシャーは細胞の核にDNAを発見。1944年にアメリカの医学者オズワルド・アベリーは、DNAが遺伝情報を担（にな）う物質（遺伝子）であることを突（つ）き止（と）めた。その後、1953年にイギリスでフランシス・クリックとジェームズ・ワトソンが、DNAは二重らせん構造であると発表。これにより、クリックとワトソンは、1962年にノーベル生理学・医学賞を受賞した。

ゲノム解読ヒストリー

2000年代に入って、さまざまな生物の「ゲノム」が次々に解読されている。生物の遺伝情報を解析するゲノム研究によって、少しずつ進化の道筋が見えてきた。

「ゲノム」って何?

ゲノムとは、生物をつくり出すために必要なすべての遺伝情報のこと。親から子へ受け継がれていく全遺伝情報は細胞の中にあるDNAに書き込まれていて、4種類の塩基の並び方（塩基配列）によってその形や性質が決まる。この塩基配列の情報全体をゲノムと呼んでいる。例えばヒトの全遺伝情報はヒトゲノム、イネであればイネゲノムというように、生物ごとにゲノムはすべて違う。

DNAの全塩基配列の長さを「ゲノムサイズ」という。ゲノムサイズは塩基対の数で表され、それぞれ生物によって大きく異なる。多くの場合、単細胞生物のゲノムサイズは小さく、多細胞生物のそれは大きいが、必ずしも後に進化した複雑な生物ほどゲノムサイズが大きいというわけではない。例えばイネの塩基対の数は約4.3億だが、コムギの塩基対は約170億と、10倍以上も大きいのだ。

ヒトゲノムを読み解く

ヒトゲノムは1990年に始まった「ヒトゲノム計画」※によって2003年に解読がほぼ完了し、ヒトの遺伝子の数は約2万個であることがわかってきた。その後もさまざまな生物のゲノム解読プロジェクトが進み、多くの生物のゲノム情報が得られている。

2005年にはチンパンジーのゲノム解読が完了。その結果、ヒトとチンパンジーのゲノムの違いは1%ほどで、残りの約99%は同じ遺伝情報をもつと考えられている。

※ヒトゲノム計画……ヒトゲノムの全塩基配列の解析を目指す国際プロジェクト。DNAの二重らせん構造の発見から50年後の2003年に解読完了が宣言された。

〈ゲノムの語源〉

ゲノム
Genome

Gene（染色体）　-ome（総体、すべて）

ゲノムという用語は、英語で遺伝子を表す「gene」と総体、すべてという意味をもつ接尾辞「-ome」を組み合わせた造語。

おもな生物のゲノムサイズ

生物のゲノムサイズ（全塩基配列の長さ）は、塩基対の数で表される。
高等植物で最初にゲノム解読が完了したのは2000年のシロイヌナズナだった。

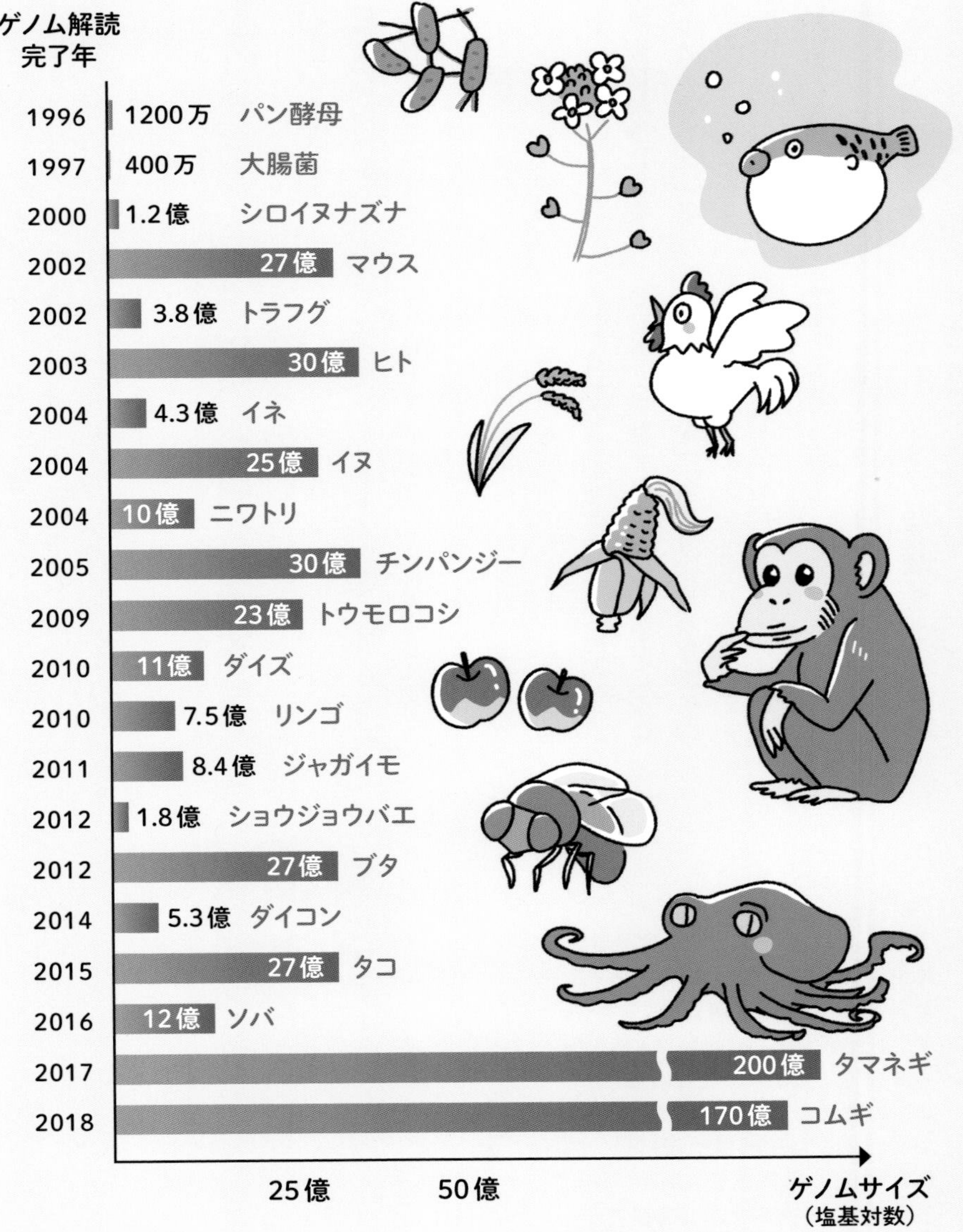

ゲノム編集ってどんなもの？

遺伝子研究に欠かせないゲノム編集技術は、どのように進展してきたのか？
生命科学に革命をもたらした「クリスパー・キャス9」を中心にその流れを知ろう。

ゲノム編集以前の技術

遺伝子の改変は、もともと何世代にもわたって交配を行い、よい形質をもった品種を選んでいく方法がとられてきた。1970年代になると、放射線や化学物質を使って遺伝子を操作する技術ができ、農作物の品種改良などに使われるようになる。

しかし、それらの技術は組換え体をつくり出すのに時間がかかるうえ、専門家でも扱いが難しいという問題があった。それを解決したのが「クリスパー・キャス9」という新しいゲノム編集ツールの登場だ。この技術は2012年に発表されると瞬く間に広まり、世界中の研究機関で使われるようになった。

遺伝子を簡単に操作する「遺伝子のハサミ」

クリスパー・キャス9は、狙った遺伝子に結合する「ガイドRNA」と「キャス9」という酵素がセットになっている。それを細胞に入れると、ターゲットとなる塩基配列にガイドRNAが結合し、その結合部でキャス9が機能して、DNAが切断される。切ったところに別の遺伝子を入れたり、切った部分の機能を失わせたりして遺伝情報を書き換える作業がより簡単にできるようになった。

その後、改良を加えた新技術も次々に登場し、いまでは遺伝子研究に欠かせないものになっている。

クリスパー・キャス9とは？

クリスパー・キャス9（CRISPR-Cas9）は、フランス出身の生物学者エマニュエル・シャルパンティエと、アメリカの化学者ジェニファー・ダウドナが開発。細菌がウイルスから身を守るために、侵入したウイルスの遺伝子（特にDNA）を酵素で切断する防御機構に着目し、これを遺伝子操作技術に応用した。2020年ノーベル化学賞を受賞。

ゲノム編集ツール

クリスパー・キャス９のしくみ

クリスパー・キャス9を使って遺伝子の編集したいところを切断し、その部分の遺伝子の機能を失わせ、また、別の遺伝子を組み込んで遺伝情報を改変する。

STEP 1

ターゲットの塩基配列に結合するガイドRNAを、酵素キャス9に取りつける。

STEP 2

酵素キャス９に取りつけたガイドRNAがターゲットの遺伝子に結合。キャス９が特定の位置で切断する。

STEP 3

切断した場所に別の遺伝子を挿入して情報を改変したり、一部分を欠失させて機能を失わせたりする。

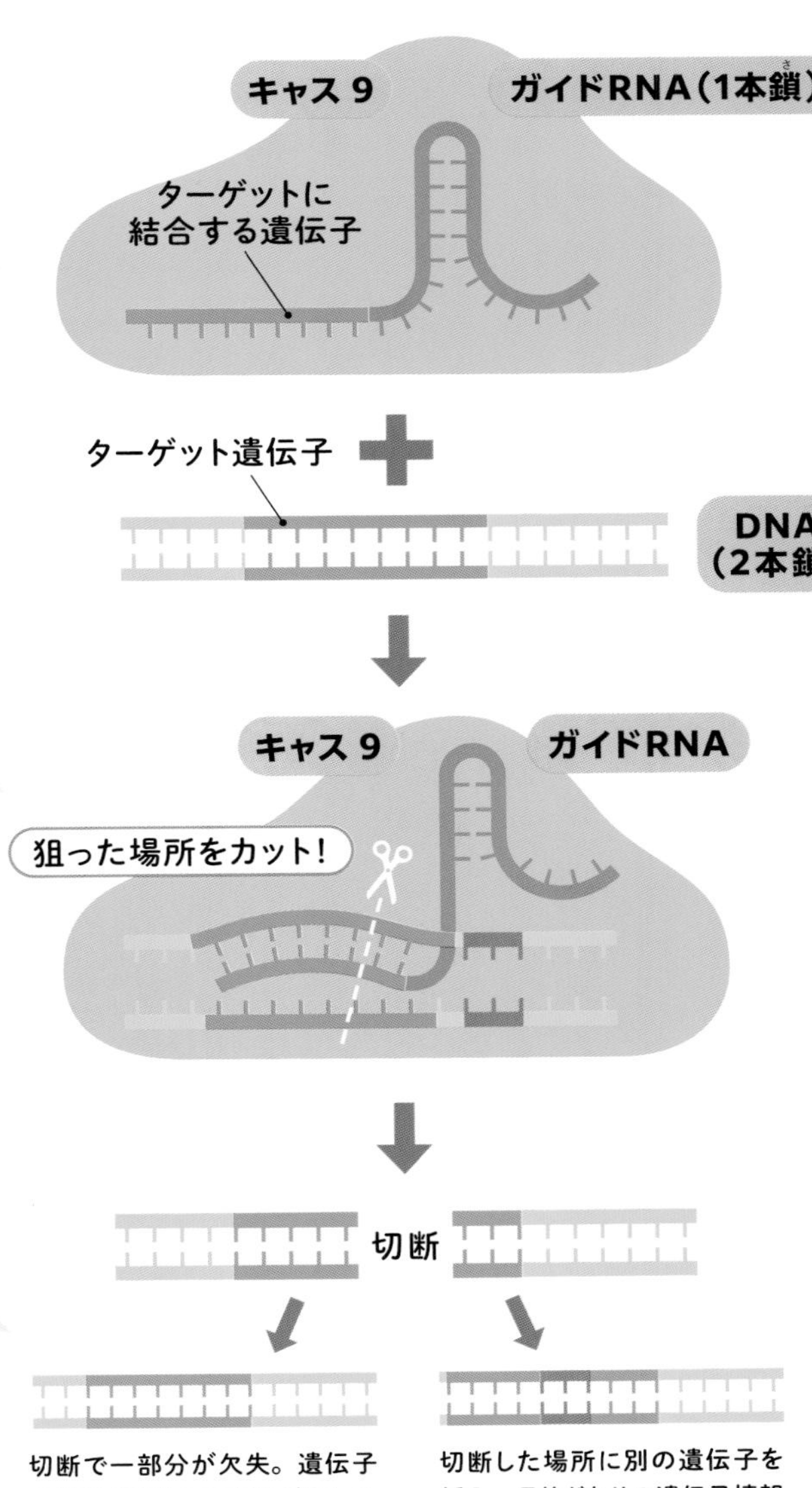

ゲノム編集がひらく生命科学の未来

ゲノム編集ツール「クリスパー・キャス9」によって、短時間かつ効率よく遺伝子の改変ができるようになり、近年はさまざまな産業分野への応用が進んでいる。

農畜水産物への応用

ゲノム編集技術を作物などの品種改良に利用することで、効率よく優れた品種をつくり出すことができる。農業分野では、2021年に筑波大学の研究グループがクリスパー・キャス9を使って※GABA含有量を高めたトマトの実用化に成功。ゲノム編集食品第1号となった。

水産・畜産業では国内の大学で、マダイやトラフグの筋肉量を調整する遺伝子を改変して身の多い魚をつくり出す研究が進められている。同じように、肉量を増やした家畜や、ウイルスが感染する遺伝子を改変して病気にかかりにくい家畜をつくり出した成功例がある。

遺伝子を改変してがんやアレルギーを治療

現在もっとも期待されているのは、さまざまな医療への応用だろう。ゲノム編集技術を、遺伝子がかかわる病気の治療に利用する「ゲノム編集医療」が注目されている。前出の畜産の例のように、ウイルスだけがもつ遺伝子を壊して感染症を治療する技術や、患者から取り出した細胞をゲノム編集によって改変し、失われた体の組織や臓器を修復する再生医療などに向けた技術などが開発された。

がん治療では、目的のがんを攻撃する免疫細胞をつくり、それを患者に移植してがんを抑える「免疫療法」が注目されているが、これにゲノム編集を組

ゲノム編集技術の応用

ゲノム編集ツールで遺伝子を改変し、高機能性を持つ野菜や果実、病気にかかりにくい家畜をつくり出す研究が行われている。

高濃度GABAトマト

花粉を飛散しないスギ

ウイルス感染症に強いブタ

毒素のないジャガイモ

**ゲノム編集技術を使った
iPS細胞による
再生医療の可能性**

脊髄細胞

iPS細胞の作製

変異遺伝子をもつ
iPS細胞

ゲノム編集ツールで
遺伝子を修復

正常な遺伝子をもつ
iPS細胞の作製

正常な脊髄幹細胞

増殖・分化誘導

安全性の確認

まず患者の細胞から病気の原因遺伝子をもつiPS細胞を作製。ゲノム編集ツールを使って正常な遺伝子をもつiPS細胞を作製し、患者に移植して治療を行う。

み合わせて、より強く攻撃する免疫細胞をつくる研究も進んでいる。

もっと身近な例で言うと、多くの人がつらい思いをしている症状を改善する研究もある。例えばゲノム編集で花粉をつくらないスギや、アレルギーの原因となる物質を含まないニワトリの卵などをつくり出すことができれば、アレルギーの問題も解決に向かうかもしれない。

ゲノム編集の問題点

ゲノム編集技術は環境問題やバイオテクノロジーの分野でも大きな可能性を秘めている。

一方で、安全性や倫理の問題など、課題も多く残されている。ヒトへの応用は医学分野で大きな期待が寄せられているが、今後も慎重に議論を重ねていく必要があるだろう。

※GABA……γ-アミノ酪酸（Gamma-Amino Butyric Acid）の略称。血圧降下やストレス軽減効果があるとされる。

数字で見る

人体の不思議

骨や細胞、遺伝子など、人体と生命に関するさまざまな数値をピックアップ。
私たちの体には、まだ解き明かされていない謎がいっぱいだ。

32本

大人の歯（永久歯）の数。親知らず4本を含めてすべて生えそろうと32本。

約206本

大人の骨の数。骨は成長するにつれて骨同士がくっついて数が減っていく。赤ちゃんの骨は300本以上だが、大人の骨は200～208本と個人差がある。

約10万km

血管の全長（地球約2周半）。血管を構成する細胞の面積は約7000 m²で、テニスコート約27面分にもなる。

約13分の1

体を循環するヒトの血液量は、体重の約13分の1（体重60 kgの大人なら約4.6 L）。一般的に血液量は男性より女性のほうが少ない。

約1500mL

大人の1日のおしっこの量は1000～2000mL程度。年齢や体重、健康状態などによって異なる。

約37兆個

体重60 kgの大人の場合、人体を構成する細胞の数（推定）。正確な数はわかっていない。

約2m

1個の細胞内にあるDNAを伸ばしてつないだ長さ。すべてのDNAをつなぐと約740億km、地球を185万周する長さ。

約30億対

ヒトゲノムを構成する塩基対の数。このうち遺伝子として機能するのは約1.5%だ。

約2万2000個

ヒトゲノム30億塩基対に含まれる遺伝子の数（推定）。

科学の先駆者たち

4

生命の不思議に魅せられた人々

Gakken

目次

科学の先駆者たち ❹ 生命の不思議に魅せられた人々

［執筆］
・「アリストテレス」：越智屋ノマ
・「クレイグ・ベンター」「ブライアン・サイクス」：小林良介
・「レイチェル・カーソン」：戸村悦子
・その他、全話：内田暁

科学監修 ――― 小野田淳人

表紙イラスト ―― ふうき
巻頭記事イラスト ― 春原弥生
表紙デザイン ―― arcoinc
巻頭記事デザイン ― 亀井敏夫
編集 ―――― 原郷真里子
編集協力 ――― 窪木淳子、戸村悦子、岩崎美穂、相原彩乃、飯塚梨奈、黒澤鮎見、館野千加子、宿里理恵
DTP ―――― 株式会社四国写研

[内容に関する注意・補足]

◆エピソード・セリフ・描写について
・本書で描かれたエピソードには、諸説ある場合があります。
・また、それらの中の登場人物のセリフなどは、実際に発言したものや、その口調などを再現したものではありません。その人物の性格やエピソードをわかりやすくするために、脚色して描かれています。
・複数のエピソードを一つにまとめたり、物語の流れや人物の特徴を分かりやすくするために脚色したりしている場合があります。
・科学的な事象や実験・研究の詳細等については、物語を分かりやすくするために、一部を省いたり、簡単に言い換えたりしている場合があります。
・物語に登場する手紙や著書の文章は、原文をそのまま訳したものではなく、一部を省略したり平易な言葉に言い換えたりしている場合があります。

◆名前・地名について
・人物の名前が複数ある場合、一般的によく知られている名前を採用し、必要に応じてその他の名前を補足しています。(その人物の人生の中で、まだその名で呼ばれていなかった場合や、関係性の中での呼称なども、読者の混乱を避けるため、「一般的によく知られた名前や呼び名」で表記している場合があります)
・人物の名前は、教科書などで採用されている表記を採用している場合が多数ですが、その原則にのっとらない人物名表記もあります。
・地名の表記については、一般的によく知られているものを採用し、必要に応じてその他の名前を補足しています。

◆生没年・年月日・年齢について
・人物の生没年については、諸説ある場合がありますが、一般的によく知られているものを採用しています。
・年号は西暦で表しています。月日については、明治5(1872)年12月の改暦よりも前の日本国内におけるできごとについては「旧暦」の月日を用い、それ以降は「新暦」の月日で表します。
・明治5(1872)年12月の改暦よりも前に生まれた日本人の年齢については、「数え年」で表しています。一方、改暦以降に生まれた人物については、生没年月日がわかる範囲で、没年を「満年齢」で表しています。また、没年以外の年齢については、年表をより簡略化するために、その年の誕生日を迎えたあとの「満年齢」で表しています。

◆旧国名・旧地名・藩などの地域について
・旧国名・旧地名・藩などの示す地域については、必要に応じて( )内や欄外に、今の地名や地域を補足しています。ただしその範囲は、必ずしも完全に一致するとは限りません。

◆その他
・その他、内容の理解を助けるのに必要な事項を、( )内等に適宜補足しました。
・用字や用語の表記は、発話者の年齢や感情で使い分けている場合があり、また、執筆者の意図をくみ、統一していない箇所があります。

ゆりかごの島
アリストテレス

エーゲ海の北東部に位置するレスボス島は、地中海に浮かぶ自然ゆたかな島のひとつだ。偉大なオリンポス山には、栗やトルコ松、オークの樹々が自生している。春には丘一面を色とりどりの花が埋め尽くし、まるで生命の喜びを歌い上げているかのようだ。山野を駆けるのはオオカミやイノシシ。川を覗けばウナギやヌマガメがのんびり暮らしているのが見えるし、海もまた生物の宝庫である。レスボス島で海といえば、まずはカロニ湾を挙げるべきだろう。島南部のカロニ湾は外海と隔てられた内湾で、東エーゲ海有数の漁場である。川から運ばれる栄養豊富な水がラグーンの海藻類を育み、魚や貝、カニなどが生息している。

そんな豊かなカロニ湾の浅瀬で、アリストテレスは今、妻と一緒に生物サンプルを採取している真っ最中だ。

「あなた！　見てください、こんなに大きなウニが採れましたよ！」

妻のピュティアスが、潮風に髪を遊ばせながら嬉しそうに言った。妻の白い手には、大きなウニが載せられている。アリストテレスは、思わず笑みをこぼした。

「これは見事なウニだ！　家に帰ったら、すぐ研究に使わせてもらうよ」

40歳のアリストテレスと20歳のピュティアスが寄り添う姿は、他人が見たら親子のように見えるかもしれない。しかしこの二人は、年の離れた夫婦である。とても仲がよく、妻のピュティアスはいつも喜んで夫の生物研究を手伝っている。

アリストテレスにとってピュティアスは、まさに「理想の妻」だった。探究熱心な夫を心から尊敬して、支えようとしてくれる。

——幸せだ。

アリストテレスは思った。愛らしくて知性あふれる妻と一緒に、豊かな自然のなかで生物研究に打ち込めるのだから。

今の生活はとても充実している。旺盛な探究心を持つ彼にとって、生物を好きなだけ研究できるこの島は、まさに理想郷だ。これまで、島に生息するさまざまな魚や鳥、獣などの生態を観察したり、ときには解剖して生体構造を探ったりしてきた。だが、もっともっと知りたい。この島の生物すべてを知りたいし、いずれはこの島のみならず、この世に生きるすべての生命に手を伸ばしたい。

「あなた。あちらの岩場にいるカサガイはどうしますか？　いくつかサンプルが欲しいとおっしゃっていましたよね」

「あぁ、そうだね、採って帰ろう」

ピュティアスの笑顔を見て、アリストテレスは安心した。この島に移住する直前、彼女は実の兄と死別している。兄の死にショックを受けたピュティアスは毎日悲しみに暮れていたが、最近ようやく笑顔を見せてくれるようになった。……この島の豊かな自然が、ピュティアスを癒やしてくれたのかもしれない。

妻の兄であるヘルミアスは、アリストテレスの友人だった。かつてアカデメイアという学園で、アリストテレスとともに学んだ仲である。しかし、小アジア（現在のトルコ）のアタルネオスという都市を統治していたヘルミアスは、ペルシャ人に捕まって処刑されてしまった——残酷な拷問の末の、悲惨な最期であったという。友人ヘルミアスを失ったアリストテレスが、妻と一緒に移住したのが、このレスボス島だった。

「この島は、まるで生命のゆりかごだな」

アリストテレスは小さく笑ってささやいた。

この島で暮らしていると、心が穏やかになる。命の息吹をいつも身近に感じることができるからかもしれない。地中海の穏やかな風に抱かれながら、多種多様な生物が健やかに育ち、次の世代へ命をつないでいく。そして、自分や妻も島に育まれる「生物」の一つなのだと思うと、自然への畏敬の念を禁じ得ない。

「自然には圧倒されるばかりだ……。私はもっと、生命を知りたい。生物がなぜ生まれ、なぜ繁殖し、なぜ死ぬのか。なぜ動物たちは多種多様な形状をしていて、一方で、なぜ共通点があるのか。……もちろん、不思議なのは動物だけではない。なぜ人間だけが直立で歩けるのか？　親に似る子と似ない子がいるのはなぜか？　調べれば調べるほど、謎が次々と生まれてくる」

アリストテレスはいつの間にか、長々と独り言をつぶやいていた。妻の優しい視線に気づき、自分もニコリと微笑み返す。

——やはり、今の生活はとても幸せだ。

これまでの自分の人生に想いをめぐらせ、アリストテレスは改めてそう考えた。

アリストテレスは紀元前３８４年に、マケドニア王国支配下のスタゲイラという町で生まれた。彼の父親はマケドニア王の侍医を務める優秀な医者であったから、アリストテレスの向学心の高さには、父の影響もあったのかもしれない。幼少期に両親と死別して以降、アリストテレスは親類のもとで育てられていた。

好奇心旺盛で「知ること」をこよなく愛するアリストテレスは、17歳のときにギリシャのアテナイ（アテネ）に行き、哲学者プラトンの開設した学園、アカデメイアに入門した。マケドニア生まれのアリストテレスは、ギリシャ人から見れば外国人だ。アテナイに住むギリシャ人の多くは、マケドニアを「アテナイよりも文明度の低い国」と見なしていた。そのためアリストテレスも、はじめはまったく期待されていなかった。それにもかかわらず、彼はめきめきと頭角を現し、最も優秀な生徒と見なされるようになった。

やがてアリストテレスは、生徒の立場にとどまらず、教師として活躍の場を与えられるようになる。敬愛する恩師プラトンから「歩く知性」と呼ばれるほどに、彼は学問に打ち込んだ。時にはプラトンの理論に真正面から反発し、激しく非難することさえあった。入門してから20年あまりの歳月を、アリストテレスはアカデメイアで過ごしていた。

そんなアリストテレスがアテナイを去ったのは、紀元前３４７年、彼が37歳の時のことだった。恩師プラトンの死をきっかけにアリストテレスは学園を辞し、エーゲ海を渡って小アジアのアッソスへ移り住むことになる。移住後のアリストテレスは、かつての学友であったヘルミアスに請われて、彼に政治的な助言を与えていた。そして、ヘルミアスの妹であるピュティアスに恋をして、結婚したのだった。

夫婦がアッソスの町を去り、レスボス島に渡ったのは結婚から2年ほど経った時期である。ヘルミアスがペルシャ人に捕らえられたため、彼の身内であるアリストテレスと妻の身にも危険が迫っていた。そこで二人はアッソスを離れ、レスボス島へと移住したのだ。大切な友人であり、妻の兄でもあるヘルミアスを失ったアリストテレスの心の傷は、決して浅くはなかった。

——つらいことも、危険なこともこれまで山ほどあった……。逃れた先のレスボス島で、まさかこれほど満ち足りた日々を過ごせるなんて、思ってもみなかった。

今、この瞬間に、深い感謝を捧げよう。自分たちが生きていることにも。こうして心ゆくまで、生物学の研究にいそしめることにも。——そう考えて、アリストテレスは立ち上がった。

台所では、妻が食事の準備をしている。コウイカを包丁でさばく妻の様子を、アリストテレスは興味深く覗き込んだ。

「ふむ。なかなか手際がいいね。切り口が鮮やかだ」

「あまり見ないでください。恥ずかしくて手もとが狂ってしまいますから」

ピュティアスは照れたように笑っていた。料理など使用人に任せればよいのかもしれないが、妻はこの島に来てから、料理を積極的に楽しんでいるようだ。

「ところでそのコウイカ、私もひとつ、さばいていいかな？」

「あら、あなたもお料理を手伝ってくださるんですか？」

「いや。君の包丁さばきを見ていたら、私もちょっとコウイカを解剖したくなってきてね」

子どものようにワクワクした顔をして、アリストテレスがそう言った。妻は苦笑しながら、彼にコウイカを差し出す。コウイカとは、青白くて表面にねばつきのあるイカである。アリストテレスは満面の笑みでコウイカを受け取ると、調理台の上に置いた。

「コウイカは、頭部から排泄するという、とても奇妙な生物だ。私はコウイカが大好きでね……」

アリストテレスは手際よくコウイカを切り開いていった。妻も料理の手を止めて、アリストテレスの解剖を興味深そうに見つめている。

「ごらん。これがコウイカの脳だよ」

「イカのような生き物にも、脳があるのですか？」

もちろんさ、と言いながら、アリストテレスはコウイカの両眼の間の軟骨を丁寧に削っていた。黄色味を帯びた小さな組織を指でつまみ、「これが脳だよ」とピュティアスに見せる。ピュティアスは目を輝かせた。

「まぁ……不思議ですね！　人間とは姿かたちがまるで違うのに、体のなかは同じなのですか？」

「異なる点も共通点もある。消化管や生殖器などは、イカも人間も備えているね」

アリストテレスはコウイカの背部を開いた。軟骨をそっと剥がすと、大きくて赤い器官が姿を現した――アリストテレスはこの器官を「ミュティス」と名付けていた。

「ふむ……これはどんな役割をもつ器官なのだろう。心臓かな？　いや、もう少し研究を重ねた上で結論を出すべきか。……明日、漁師に何杯かコウイカを譲ってもらうとするかな」

考えをめぐらせながらつぶやいているアリストテレスを、妻は愛おしそうに見つめている――彼らの日常は、こんなふうに穏やかに流れていったのだった。

アリストテレスが本格的に生物研究をはじめたのは、レスボス島に移住して以降のことだといわれている。彼は、島で出会ったさまざまな動物をつぶさに観察し、膨大なデータを集めていった。そして収集したデータを整理し、動物の種類を体系的に分類していったのである。

アリストテレスは動物を、大きく分けて有血動物（脊椎動物）と無血動物（無脊椎動物）の2種類に区分した。有血動物に該当するのは人間、クジラ類、胎生四足獣、鳥類、魚類などの動物だ。無血動物に当てはまるのはイカなどの頭足類や、甲殻類、昆虫、海綿などだと考えた。このように生物を区分する試みを人類史上初めて行ったのが、アリストテレスだと考えられている。

その日、カロニ湾にほど近いオリーブ林の中を、アリストテレスは年若い友人と並んで散策していた。その友人の名はテュルタモス。アリストテレスより13歳年下で、レスボス島生まれの青年だ。テユルタモスはアリストテレスの友人であり、弟子のような存在でもある。テュルタモスは研究熱心な男であり、とくに植物の研究で優れた才能を発揮していた。

林をゆったり歩きながら、アリストテレスは友人に微笑みかける。

「テュルタモス、君の植物研究のレポートを読ませてもらったよ。大変興味深い……。とくに植物の分類法については、目を見張るものがあった。この島で君のような若者に出会えたことを、幸運に思うよ」

テュルタモスは嬉しそうに頬を染め、「もったいないお言葉です」とかしこまっていた。アリストテレスはのちに、この友人に「テオプラストス」という名前を与える——テオプラストスとは、「神のように語る」という意味だ。アリストテレスがいかに彼を高く評価していたか、想像するのは難しくない。

「動物も植物も共通だが……やはり自然は、目的をもっているのだと私は思う。どの生物の、どの性質にも、何かしらの役割があるのだと。自然には、無駄なことなどない。そう確信しているよ」

アリストテレスはそう言いながら、近くを流れる川に目をやった。

「ふむ。あの川は、いいウナギが捕れそうだな……」

「そういえば、先生は最近、川に棲むウナギについてご研究中だとか」

「あぁ。ウナギは魚類の一種でありながら、実に奇妙な生まれ方をするようだ。卵から生まれるのではなく、かといって親の腹から直接出てくるわけでもない。つまり……泥の中から自然発生しているのだと、私は推測しているよ」

当時、ウナギの生態はまだ明らかになっていなかった。アリストテレスは、一部の動物は親から生まれるのではなく、腐植土や水中土壌などから自然発生するのだと考えていた。

「これまで幾度もウナギの観察を行ってきたが、卵や白子を持つウナギを見たことがないし、稚魚に出会ったこともない。解剖しても、精管や卵管が見当たらない。ある池沼では、水を抜いて泥をさらったあと、雨が降ったらウナギが出てきたという。ウナギは生殖ではなく、自然発生による動物だと考えるのが妥当だろう」

テュルタモスは真剣な顔で、アリストテレスの話に耳を傾けて、納得した様子でうなずいていた。

――紀元前、つまり彼らが生きた時代には、顕微鏡も潜水機材も存在しない。だから、彼らの研究には限界があったし、時には誤った学説を打ち出すこともあった。現代人から見ると「非科学的」と思えるような説もある。しかしそれでも、膨大なデータに基づいて生物学という概念を新たに生み出した彼らが、偉大であることは間違いない。

「……まぁ、ウナギについてもまだまだ研究途中だよ。今度ここに来た時は、何匹か採取してみるとするか」

これまで数百種類にわたる動物について、アリストテレスは観察や解剖などを続けてきた。それぞれの動物が何を食べるか、どんな習性を持っているか、どんな病気にかかるか、どのように繁殖するか、体のなかはどのような構造をしているか。それら一つひとつを調査して、生命全体に共通するシステムを解き明かそうとしていた。紀元前の時代に、生命についてこれほどさまざまな考察をめぐらせた人間は、彼のほかには知られていない。

命の息吹に包まれて研究に明け暮れるレスボス島での日々を、アリストテレスは愛していた。この日々が長く続いてほしい――と、心の底から彼は願った。

しかし、レスボス島での生活は、たったの2年で終わりを迎えることとなる。

「私が……アレクサンドロス殿下の、家庭教師に!?」

紀元前342年、アリストテレスが42歳の時のことだ。アリストテレスはマケドニア王フィリッポス2世に呼ばれて、首都ペラに向かった。そこで彼は、当時13歳の王子、アレクサンドロスの家庭教師になるよう依頼を受けたのである。

「あぁ。ぜひとも、君に頼みたい」

フィリッポス2世が、真剣な顔でそう言った。

この時期、マケドニア王のフィリッポス2世はポリス（都市国家）間の対立に乗じてギリシャへ侵攻し、次々と支配下におさめていった。ギリシャ統一をめざすフィリッポス2世が、当代きっての優れた学者として知られていたアリストテレスに白羽の矢を立てたのは、必然と言えるかもしれない。

「息子のアレクサンドロスは、とても気性が荒くてね。並の者では、息子の教育はまず無理だ。君は優れた学者であり、アカデメイアでは教鞭をふるって数々の優秀な生徒を輩出してきたそうじゃないか。我が息子も、君が教えるなら従うかもしれない」

「……私ごときに、務まりますでしょうか」

正直を言えば、アリストテレスは家庭教師を引き受けたくはなかった。だが、王の頼みとあっては断れるはずもない。

アリストテレスの父親は、先代マケドニア王の侍医を務めていた。父親は数十年前に亡くなっていたが、アリストテレスがマケドニア王に仕える家系の人間であることに変わりはない。結局、アリストテレスは妻とともにレスボス島を離れ、アレクサンドロス王子の家庭教師を務めることになった。

ミエザという地に教育の場を与えられ、アリストテレスはアレクサンドロス王子に学問を教えた。倫理学や政治学、生物学など、教育内容は多岐にわたった。授業を始めてすぐ、アリストテレスは王子の気性の荒さと強情さを目の当たりにした。王子はすぐに授業の主導権を握ろうとするし、興味のない分野にはまるで聞く耳を持たない。だが、頭の回転が非常に速く、瞳の中にぎらぎらとした野心的な光を宿していた。この少年が王となったら、マケドニアはどのような国になるのだろう——と、アリストテレスは末恐ろしく思っていた。

意外だったのは、アレクサンドロス王子が生物学に深い関心を寄せていたことである。王子は、生物学の講義をいつも熱心に聞いていた。ある日、王子はアリストテレスに言った。

「先生、あなたは世界中の生き物を自分の目で見てきたわけではないだろう？　俺の家庭教師になる前は、レスボス島で暮らしていたと聞いている。そなたが実際に触れた生き物など、せいぜい島にいたものくらいではないのか？」

講義をさえぎり、にやにやしながら王子は尋ねる。アリストテレスは返事に詰まった。

「それは……」

「島にいない生き物については、先生はどうやって調べたんだ？」

「過去の報告や、信頼できる学者の意見を参照しております」

アリストテレスがそう答えると、王子は我が意を得たりとばかりに笑った。

「先生の生物学は、おもしろいと俺も思う。それぞれの生き物の謎を解き明かし、体系立てていくやりかたは魅力的だ。だが身近な生き物だけを見ても、総論を導くことなんてできないだろう？　世界には、奇妙な生き物がたくさんいるらしいじゃないか。先生は、ゾウやライオンを見たことはないだろう？」

「殿下のおっしゃる通りです。私はまだ、世界中の生き物を知っているわけではありません。世界には、私が見たことも聞いたこともない生き物が、数多くいるでしょう」

「だったら俺が、いずれ先生に世界中の生き物を見せてやるよ」

――世界中の生き物を？

意味を理解しかねて、アリストテレスは眉をひそめた。

「俺は将来、世界を統べる王になる。そうしたら、先生に世界中の生き物を送ってやろう」

瞳をらんらんと輝かせ、アレクサンドロス王子は言った。

「俺は生き物が好きなんだ。だから、生命のありようにも興味がある。いつか珍しい生き物を先生にたくさん送ってやるから、好きなだけ研究してくれ。楽しみに待っているといい」

……なんと偉そうな物言いだろう。生徒が師に対して言う言葉とはとうてい思えないが、王子は本気のようだった。その強い瞳を見ていると、アリストテレスは思わず、この王子ならばそんな夢物語のようなことも実現させてしまうのではないかと思った。

紀元前336年、アレクサンドロスは20歳の若さでマケドニアの国王となった——彼はのちに、アレクサンドロス「大王」と呼ばれることとなる。王位に就いて強力な軍事力を手に入れた彼は、すぐさま大規模な戦争を開始した。東方遠征と呼ばれるその戦役は10年も継続され、ギリシャやエジプト、ペルシャ、インドなど世界の主だった地域が次々とアレクサンドロス大王に征服されていった。

一方のアリストテレスは、マケドニアの首都を去って、故郷で数年間を過ごしたのちにアテナイに戻った。アテナイは若い頃に学んだ学園・アカデメイアがある都市であり、今はマケドニアの支配下になっていた。

アリストテレスは、アテナイの郊外に新しい学校・リュケイオンを設立した。アリストテレスはリュケイオンの学長となり、論理学や形而上学、倫理学、政治学、芸術学、色彩学など、ありとあらゆる学問を教えた。もちろん自然学もその一つで、気象学、地質学、生物学などが、講義カリキュラムに含まれていた。

リュケイオンには、さまざまな学問分野の資料が集積され、優秀な研究者がたくさん集まってきた。アリストテレスは自身の学園を、かつての学び舎アカデメイアをしのぐほどの巨大な教育研究機関に育て上げたのだった。

アリストテレスは、弟子たちと散歩しながら授業を行う講義スタイルを好んだ。このことから、アリストテレスの弟子は「ペリパトス派（歩き回る人）」と呼ばれていた。

さまざまな学問を探究しながら、才能あふれる生徒たちを教育する日々はすばらしい。……しかし時折、レスボス島で聞いた潮騒の音が懐かしくなる。海岸で貝を採り、野山に分け入って獣を追い求め、生命の息吹の中で動物研究に明け暮れたあの日々が。そんな思いにふける自分に気づいて、アリストテレスは「自分も年をとったのかもしれない」と苦笑した。レスボス島で暮らした時期から、すでに10年以上の歳月が経っていた。

ところで、アレクサンドロス大王は、アリストテレスとの約束を忘れていなかった。遠征中、大王は珍しい動植物を見つけると、それらをアリストテレスのもとに送った。アレクサンドロス大王は、アリストテレスに生物研究の仕事を任せたのである。アテナイに住んでいたアリストテレスは、自身の学園で生物研究を行った。

——まさか、私が本当にゾウの解剖を行うことになるとはな……。

目の前に横たわる巨大なゾウの死骸を目の当たりにして、アリストテレスは息をのんだ。

紀元前３３１年。アレクサンドロス大王はティグリス川上流のガウガメラの地で、ペルシャ人に勝利した。そのとき捕らえた敵の戦闘用ゾウを、遠く離れたアテナイの地に送り届けたのだ。そのゾウの死骸を、アリストテレスは今、学園の散歩道で解剖しようと試みている。

固い皮膚に刃を入れて、外皮と皮下脂肪を剥ぐ——数人がかりの大仕事だ。弟子たちと手分けしながら作業を進めた。それが終わると、今度は腹部にとりかかる——複数の筋肉層を剥ぐと、巨大な消化器官が姿を現す。弟子も、アリストテレス自身も、あまりの大きさに目を見張った。

「これはすごい……」

ぬらぬらとしてずっしり重い消化管を、丁寧に外へ引き出して全貌を明らかにする。いったい、どれほどの長さなのだろう。

この動物の、すべてを解き明かしたい。体組織一つひとつが、どれも大切なデータとなる。他のすべての生命につながる、貴重な情報源だ。

高揚感を覚えながら、アリストテレスは弟子たちとともにゾウの解剖を続けていた。

長く続いたリュケイオンでの指導生活が終わりを迎えたのは、紀元前３２３年のこと。アリストテレスが61歳の時であった。「アリストテレスは神を冒瀆した重罪人である」とされ、告発されてしまったのだ。

事実無根の罪であった。かつて、友人であり妻の兄でもあったヘルミアスが処刑されたときに作った悲しみの句が、神を冒瀆する内容だと訴えられたのである。20年以上も昔の句であり、しかもただ純粋に死を悼む内容であったのに……。それでも民衆は、アリストテレスを排除しようとした。

アリストテレスが非難されたのは、実際には彼自身のせいではなかった。アリストテレスの支援者であり、強力な後ろ盾であったアレクサンドロス大王が、急逝したことがきっかけである。アテナイの民は、征服者アレクサンドロス大王を嫌っていた——だから、大王が死んだことをきっかけに、反マケドニア運動の流れが強まったのだ。マケドニア生まれのアリストテレスは、反マケドニア運動に巻き込まれてしまった。

告発されたアリストテレスは、命の危機に瀕していた。リュケイオンの一室で、彼は一人、思いをめぐらす。

——このままでは、私は処刑されてしまうかもしれない。

かつて偉大な哲学者ソクラテスは、アテナイの民による理不尽な死刑判決に従って死んだ。では、自分はどうするべきか？　ソクラテスのように死すべきか。……いや。

——冗談じゃない。無実の罪などで、死んでたまるか！

アリストテレスは、逃げて生き延びることを選んだ。最愛の妻ピュティアスはすでに亡くなっていたが、もし生きていたら「逃げよう」と言ってくれたに違いない。政治的な思惑で殺されるなんて、まっぴらだ。

生きなければならない。もっと生きて、もっと世界を知らなければならない。

だから、アリストテレスはアテナイを去った。——非常につらい決断であった。学園リュケイオンにはもう、永遠に戻ることはできないのだから。リュケイオンは、アリストテレスの生命の一部ともいえる大切なものだった。これまで集めた貴重な文献も、自分自身の研究データも、リュケイオンに残していかなければならない。アリストテレスは、悲しみと悔しさを押し殺して、リュケイオンの学長の座を辞した。

せめてもの救いは、次の学長の座を大切な友人に任せられたことだ。アリストテレスは、テオプラストスを次の学長に任命した——レスボス島生まれの、13歳年下の友人テオプラストスである。学長の座を受け継いだテオプラストスは、アリストテレスが去ったのちも、リュケイオンの発展に力を注ぎ続けた。

その後、アリストテレスはエーゲ海西部のエウボイア島に移り住んだ。エウボイア島は、アリストテレスの母が生まれた島だった。アテナイのあるギリシャ本土と、このエウボイア島とは、狭い海峡で分かたれている。この海峡の潮の流れは独特で、現地の民でさえ潮流を予測するのは難しい。晩年のアリストテレスは、来る日も来る日も、潮の流れを調べては探究心を満たそうとしていた。

エウボイア島に移住してから1年経ったある日。病を患っていたアリストテレスの命は、今にも尽きようとしていた。

——これが、私の最期なのか。

アリストテレスは横たわり、虚ろな顔で天井を仰いだ。長くもあり、短くもあった62年の人生を振り返る。本当にいろいろなことがあった。

あらゆる謎に出会うたび、彼は貪欲に解き明かそうとしてきた。尊敬できる師に出会い、妻を愛し、友人にも恵まれ、さまざまな学問を築き上げてきた。良い人生だったと思う。だが、まだ満足できない。もっともっと、世界のことを知りたかった。生命の謎についても、まだまだ研究途上だというのに……。

力なく、アリストテレスは天に向かって手を差し伸べた。

どこからか、潮騒の音が聞こえてきた。この島の波音ではない……もっと優しい、懐かしい響きだ。妻のピュティアスと毎日聞いた、レスボス島の潮騒の音に違いない。

室内だというのに、太陽の気配を感じた——レスボス島の日差しだ。生物標本の採取に明け暮れる日々に、毎日たっぷり浴びてきた、命あふれる太陽の気配。

「……あなた」と呼びかける、優しい妻の声が聞こえた。遠い昔に死んだはずの妻が、笑顔で自分に手を差し伸べていた。

彼は穏やかに微笑みながら、妻の手を握り返した。安らかな気持ちで、妻と一緒に空へと昇る。

アリストテレスはこうして、その生涯を閉じた。

紀元前4世紀の偉人であるアリストテレスは、自然科学や論理学をはじめとした多くの学問を築き上げた「万学の祖」だ。現代に存在する学問の多くは、アリストテレスが先駆者だといわれている。動物学や植物学もその一つだ。生命の不思議に魅せられた最古の人物の一人が、アリストテレスであることは間違いない。

紀元前の昔、人類はすでに生命の不思議に魅入られて、謎を解き明かそうとしていたのだ。

アリストテレスの残した数々の研究は、後世に深い影響を与えた。現代人の我々から見れば、アリストテレスの学説の中には明らかに誤ったものもある――生物の自然発生説や、地球の周りを太陽がまわっているとする天動説などは、間違いの代表例といえるだろう。しかし、膨大なデータを集めて論理的に真理へ迫るという彼のやり方は、現代科学につながる基礎を築いたのだった。

アリストテレスは生涯にわたって数百もの書物を著したとされるが、書物の多くは失われ、現代には残っていない。しかし、彼のさまざまな功績は人類を支える礎となり、その精神は今も脈々と受け継がれている。

大海原の彼方で見つけた進化の真理

ダーウィン

1882年2月18日、イギリス・ケント州。

「おじいちゃん！　おじいちゃん宛てに小包が届いているよ」

孫娘の明るい声が、安楽椅子に揺られ夢の世界に入りかけていたチャールズを、現実の世界へと引き戻した。薄くなった頭髪とは対照的に、フサフサに伸びた白いひげが、窓から差し込む昼下がりの日差しを浴びて、チラチラと輝いている。

22歳の時に世界一周の航海に出て、5年におよぶ発見と冒険の日々を過ごした彼も、今では73歳になった。科学者からは称賛を、キリスト教会からは非難を浴びた『種の起源』の発刊からは、23年の歳月が過ぎている。

採集と研究に明け暮れ、名声を欲したこともあった。だが、『種の起源』の執筆以降は人前に出ることをあまり好まず、家族とともに家で過ごすことが多くなった。特にこの1年ほどは、心臓を患い無理のきかない身体でもある。

それでも彼のもとには今も、かつての教え子や研究仲間が、しばしば助言を求めて論文や珍しい動植物のサンプルを送ってきた。今回送られてきた小包も、おそらくはそんな、古い知り合いから送られてきたものだろう。

「おお、ありがとう。送り主は誰かね？」

少し身体を起こして、彼は孫娘に尋ねた。

「えーっとね……ワルター・クリックって人」

「ワルター・クリック、ワルター・クリック……知らない名前だな」

そう思ってから、「いや、もしかしたら」と考え直す。

——知っているが、忘れてしまっただけかもしれない。何しろ、最近はすっかり物忘れが激しくなった。科学者仲間か、一緒に世界を旅した船員だろうか、それとも学生時代の友人か……。

そんなことを考えながら、彼はこれまでに出会ってきた人々を、そして自分の歩んできた人生を思い返していた。

父のような医者になりたいと思っていた子どもの頃。大好きだった母親が亡くなり、悲しくて怖くてしょうがなかった8歳の日。そして神学を学ぶため、ケンブリッジ大学に通っていた日々……。

1828年、イギリス・ケンブリッジ。

「おい、チャーリー！　起きろって、チャーリー！　先生がお前をご指名だぞ」

学友の鋭くささやく声と、肘でつつかれる感覚が、夢の世界に入りかけていた彼を、現実の世界へと引き戻した。

机につっぷしていた顔を少し上げると、学友がノートの端に書いてくれた文字が、目に飛び込んでくる。

「現存しない生物の化石があるのは、なぜか？」

思わず声に出して、その短い一文を読んでいた。

「そう、それが質問だ。答えは何かね、チャールズ・ダーウィンくん」

神学部の先生の重々しい声が、頭にかかっていたモヤを一瞬で吹き飛ばした。

「はい、先生。それは彼らが、箱舟に乗れなかった種だからです。神が、罪深い世界を罰するために大洪水を起こされた時、人間をはじめとする多くの生物は、ノアの箱舟に救われ、生き残ることができました。今いる生物はすべて、それら箱舟で救済された生物の子孫です。ですが、船に乗ることが許されなかった者たちは死に絶えました。そのような絶滅した生物が、化石となったのです」

「ふむ、その通りだ」

先生の満足そうな声に、チャールズは安堵のため息をもらした。「先生に聞かれたのが、この質問でよかった」と彼は思う。化石にまつわるこの説は、決して優秀な神学生とは言えない彼が、最もスラスラと答えられる問いだったからだ。


「授業中に居眠りとは、さすがダーウィン大先生だね。また夜遅くまでトランプで遊んでたのか？」

寄宿舎の部屋で、隠し持ったお酒を飲みながら、例の学友が皮肉まじりにからかってきた。

「助かったよ、次に失点くらったら、卒業が遅れるかもしれないところだった。でも、寝不足の理由はカードゲームじゃないぜ。狐の行動を観察していたんだ。狐の多くは、夜行性だからね。つまり僕は、れっきとした学術的活動をしていたのだよ！」

背筋を伸ばし、芝居がかった声を出したところで、いまひとつ説得力には欠ける。

「まったく。やっぱりお前に神学は向いてないよ。お父上が望んでいたように、医者を目指したほうがよかったんじゃないか？」

「それが、医者はまったく適性なし。人が痛がっていたり、苦しんでいるのを見るのが苦手なんだ。自慢じゃないが、血を見るのもまぁまぁ怖い。でもこの大学に来たのは正解だったよ。高名な植物学や地質学の先生方がいるし、フィールドワークにも連れてってくれるからね」

「植物や岩なら、痛いって言うこともないから扱うのも楽だって？　いやいや、もしかしたら花や岩も、お前に切られたり削られるたびに、痛いとか、苦しいとか、思ってるかもしれないぜ」

酔いの回ってきた学友のおどけた声を聞きながら、チャールズはふと思った。

——化石になった動物たちは、地上に置き去りにされて洪水にのみ込まれる時、怖いとか、苦しいって思ったのかな……。

１８３３年、南アメリカ大陸東沿岸。

「すごいぞ！　また化石が出てきた。これは、さっき見つかった大腿骨につながる座骨だな」

それにしても、大きな哺乳類だ……とチャールズは思った。

額から大粒の汗がポタリ、ポタリと流れ落ちては、赤茶色の乾いた土に黒いシミを作っていく。

「しかし毎日、暑いな……」

ボヤキ節も、汗とともにこぼれ落ちた。

大学をなんとか卒業してから、2年近くの月日が経つ。いちおう神学者になる資格は得たチャールズだが、彼は神につかえる道は選ばなかった。

代わりにチャールズが選んだのは、「ビーグル号」と呼ばれる船で、世界一周の旅に漕ぎだす海路である。ビーグル号は海図を作るための測量船で、ロバート・フィッツロイという若い海軍士官が船長を務めていた。王家の血を引くフィッツロイは、博識で好奇心が強く、勇敢で、なおかつ敬虔なキリスト教信者でもあった。そんなフィッツロイ船長は、航海に出るにあたり、博物学者を連れていくことを望んだのだ。

「世界中を旅しながら、道中の動植物や化石を採取することで、神の存在をいっそう確かなものにすることができるかもしれない」

そう考えていたフィッツロイは、航海に連れていく学者として、チャールズに白羽の矢を立てたのである。

フィッツロイが望んだように……いや、望んだ以上の能力を、チャールズはビーグル号で発揮していった。新しい大陸や島に上陸するたび、目を輝かせながら目新しい動植物を採取した。そして、フィッツロイとはそのたびに、考古学や哲学、神学についても語り明かした。時には、動物採取のために磨いたチャールズの猟銃の腕が、野生動物の脅威から身を守る助けになった。

そして今、ビーグル号は南アメリカ大陸東海岸の、複雑に入り組んだ入り江に停泊している。この地をチャールズは、「怪物の墓場」と呼んだ。海岸線の岩場からは、次から次へと、未知なる巨大生物の化石が見つかったからだ。

「この化石の動物は、大腿骨や歯の骨の形状から見るに、ナマケモノによく似ている。ただ、こんな大きなナマケモノは見たことがない。絶滅種……箱舟に乗り遅れた動物かな」

チャールズの脳裏にふと、去り行く箱舟に向けて、長い手を必死に……だがゆっくりと伸ばす、超巨大ナマケモノの姿が浮かんだ。

この超巨大ナマケモノは、手の骨の形状から察するに、おそらく木には登れなかっただろう。でも身体が大きいので、地面から手を伸ばすだけで、木の実を取ることができたはずだ。

もしかしたら、洪水にさらわれたナマケモノは、この海岸に流れ着き、しばらくは木の実や葉っぱを食べて生き延びたかもしれない。でもすべて食べつくし、もう手が届く高さに食べられるものが無くなって、最期はひもじく息絶えたのだろうか……。

「学者さんよ、いい加減にしてくれよ！　あんたが持ってきた石ころのせいで船が沈んじまうぜ！」

船員の怒声で、太古の世界を漂っていたチャールズの意識は、現在に引き戻された。

顔を上げると、屈強な海の男たち数人が、険しい表情でチャールズを取り囲んでいる。ただでさえ暑く息苦しいなか、一見、なんの役にも立たない〝石ころ〟を運ばされて、いら立っているのだろう。今にもチャールズにつかみかかってきそうな勢いだ。

そのピンチに、助け船を出してくれる声があった。

「おいおい、七つの海をわたるビーグル号のクルーともあろうものが、情けないことを言うなよ。なんだったら化石の代わりに、お前さんにここで降りてもらおうか？」

声の主は、ビーグル号の副船長で、航海士にして測量士でもある男だった。

「ちょっと副船長！　そりゃーないっすよ……」

船員の情けない声にドッと笑いが起こると、船員たちはこれ以上もめても意味がないと悟ったのか、それぞれの持ち場に戻っていった。

「ありがとうございます、副船長」

チャールズが礼を言うと、副船長は船内の一室にズラリと並んだ化石を眺めながら、笑みを見せた。

「ビーグル号は、ノアの箱舟に乗り遅れたお客さんで満席だな」

うまいことを言うものだな……と、チャールズは心の中で賛辞を述べた。

「彼らがなんで滅びたのか、その謎を解き明かしてやらないと、石になった生物たちも浮かばれない。そうだろ、センセイ」

「洪水にのみ込まれたから、と聖書には記されていますよ。彼らが絶滅した理由は」

チャールズが定型文の答えを返すと、副船長はチャールズの目をのぞき込み、声を重く響かせた。

「いいかい、センセイ。船乗りはな……特に航海士は、学者さんたちが証明するより遥かに早く、地球が丸いなんてことは知っていたさ。水平線は曲線だし、陸や島の影は水平線からせりあがってくる。他にもいろいろと、海がペッタンコだったら説明がつかないことだらけだ」

畳み掛けるように、副船長は続ける。

「チャーリー、お前もこれだけ航海してきたから分かるだろ。海をわたるのに必要なのは、数学や科学だ。航海に出る時には、海路を決め、移動する距離を測り、航海に要する時間を計算し、船の大きさと乗組員の数、食料や水などの積み荷のバランスを取ることが大切なんだ」

そこまで言うと、副船長はやや声のトーンを落とした。

「ところが、ノアの箱舟はどうだ？　これだけ世界中に生き物がいて、そのすべての種をツガイで運んでいるとなると、どれだけの数の生物が乗っていたと思う？　しかもその多くは、船の操縦なんてまるで出来ないときたもんだ。じゃあ、それだけの数の生命を維持する水や食料は、どこで調達し、どこに積んでいた？　世界をのみ込み多くの生命を滅ぼすほどの大洪水を、どうやって乗り切ったっていうんだ？　どう考えたって、無理がある。あまりに海や船乗りをなめた話じゃないか。だから俺は、ノアの箱舟の話は好きじゃないね」

「つまり副船長は……、神の存在を信じてはいないのですか？」

緊張をはらんだ声で、チャールズが質問を挟む。

「別に、神の存在そのものを否定しようっていうんじゃない。むしろ俺は、神様はそんな無謀で無意味なことはしないと思っているのさ。この世の中には、かならず規律や原理がある。一見、無秩序に見える天気や潮の流れも、一定の法則に従って変化している。だから俺たち航海士は風の向きを読み、波の高さを予測し、海をわたることができるんだ。神様は、ちゃんとそこまで考えてこの世界をお創りになったはずだ。でも、ノアの箱舟の話は説明がつかない。だからさ……」

そこまで言うと、副船長はチャールズの肩をポンと叩いた。

「センセイ、あなたが正しい神様の姿を人々に伝えてやらないと。いちおうは神学校を卒業して、牧師の資格も持っているんだろ！」

快活な声を上げて手を振りながら、副船長は自分の船室へと向かっていった。


１８３６年、ビーグル号船内。

「ノアの箱舟の話は、説明がつかない」

副船長が放ったその一言は、チャールズの意識に深く刺さり、以来、「種の生存」について思考をめぐらせるたびに、胸に響いた。

ビーグル号に乗り込んでから４年。はじめてガラパゴス諸島に降り立った時、その言葉はいっそうの重みを増した。

「魔法の島」――南アメリカの西岸、赤道直下に散らばる島々は、そう呼ばれていた。

そのガラパゴス諸島でチャールズは、まるで魔法にかかったかのように、採集に夢中になった。他では見たこともない動物や植物が、次々に見つかったからだ。

巨大なリクガメ、岩の上で同じ方向を向いて日向ぼっこをしている爬虫類、色鮮やかな鳥たち。

しかもそれらの珍しい動物は、それぞれの島によって、微妙に形状が異なるのだ。たとえばリクガメは、甲羅の模様が島によって違っている。そのため地元の人たちは、一目見ただけで、それがどの島のカメかピタリと当ててみせた。

フィンチと呼ばれる鳥にいたっては、クチバシの形状だけが異なるタイプがいくつもいた。あるフィンチのクチバシは細くて長く、木の穴に隠れる虫を器用につまんだ。硬くて大きなクチバシを持つフィンチは、堅い木の実を割って中身を食べることができた。

そんな発見と感動は、その後、ニュージーランドやオーストラリア大陸に立ち寄った時にも繰り返された。

「この世界は、こんなにもさまざまな生命であふれていたんだな。航海に出て、本当によかった」

船の揺れを感じながら、チャールズは化石のコレクション室の床に腰を下ろし、ここ数ヵ月の出来事を振り返りはじめた。いつの頃からか、落ち着いて考えを整理したい時にここに来るのが習慣になっている。〝ノアの箱舟に乗り遅れた生物〟たちに囲まれると、「助けてくれてありがとう」と喜ぶ彼らの声が聞こえ、自分の研究や労力も救済されるような気がした。

巨大なアルマジロに、超巨大なナマケモノ。カバほどの大きさがあるネズミのようなげっ歯類。

「お前さんたちと同じような姿かたちでも、身体の小さな種は箱舟に乗れたので助かった。身体がデカすぎたばかりに、残念だったよな」

そう思った時、はたと気づいた。

「どうして神は、このような中途半端な生き物をお創りになったのか？　少し形が違ったり、大きさの違うだけのよく似た生き物を、幾つも幾つも創ったというのか？」

本当に神は、そのようなことをしたのか？　何か変だ。この理論は美しくない……そう考えると、ガラパゴス諸島で発見した多くのリクガメやフィンチの存在も、謎だ。

「クチバシの形状が違う鳥や、甲羅の模様の違うカメを何種類も創り、そのすべてのツガイを箱舟に乗せたのか？　そして島ごとに、別々の種を配したというのか？」

その時、かつて聞いた副船長の声が胸に響いた。「神様は、そんな無謀で無意味なことはしない。ノアの箱舟の話は説明がつかない」という、あの言葉が……。

「まったくそのとおりだ！」

次の瞬間、チャールズは、思わずそう声に出し、拳を握りしめ立ち上がっていた。

「もっと合理的で、誰もが納得のいく理論があるはずだ。この船には、その証拠が詰まっている！ビーグル号こそが、真実を救済する箱舟なんだ」

この時、多くの化石や貴重な動植物のサンプルを乗せたビーグル号は、その任務を終え、懐かしい故郷のイギリスへ向かっていた。

ビーグル号が出港してから、５年近くの歳月が経っていた。

１８５８年、イギリス・ケント州。

「チャーリー！　あなた宛てに、とても分厚いお手紙が届いているわ」

妻・エマのまるで歌うような声が、生命の謎を解き明かすべく研ぎ澄まされていた彼の思考を、現実へと引き戻した。

傾いた太陽の光が差し込む書斎はオレンジ色に染まり、チャールズが執筆に没頭し始めてから、長い時間が経っていたことを物語る。

「もうこんな時間か」

チャールズは小さく驚きの言葉をもらしたが、そんな夫の姿に、エマはすっかり慣れっこなのだろう。さして気にとめる風もなく、「このお手紙、東インドの島から届いたんだわ。封筒の色もエキゾチックね」と声をはずませる。ピアノ演奏が得意で、抜群の音感とリズム感を誇るエマの声は、話す時も旋律を奏でるようで耳に心地よい。

「送り主は誰なんだい？」

妻のほうを見て、チャールズが尋ねる。

「雨に濡れたみたいで、ところどころインクが滲んでちょっと読みにくいけれど……アルフレッド・ラッセル・ウォレス、かしら」

「アルフレッド・ラッセル・ウォレス、アルフレッド・ラッセル・ウォレス」

聞き覚えのない名前だが、それは珍しいことではなかった。彼のもとには、いろんな人から、日々さまざまな手紙が届くからだ。

チャールズがビーグル号の大冒険から帰国してから、21年の年月が過ぎていた。帰国後にチャールズは、旅で見聞した出来事をまとめ、『ビーグル号航海記』という書籍として出版した。その本はたちまち話題となり、飛ぶように売れた。その後も、地質学や生物学に関する数々の論文を書き、彼は今や有名人となっていた。

それにしても……とは思う。東インド諸島からの手紙は珍しい。

「ありがとう、エマ。夕飯前に、この手紙を読んでしまうよ」

彼は封筒を受け取ると、ペーパーナイフで丁寧に封を切り、便箋の束を取り出した。

「はいはい。夕飯はいつも通りの時間ですからね」

部屋を出ていくエマが、パタンと扉を閉める音を合図に、チャールズは手紙を読み始めた。

「拝啓、偉大なるチャールズ・ダーウィン殿」

礼儀正しい書き出しで始まる手紙は、こう続いていた。

「わたしは、有名な大学や研究室に在籍しているわけではない、在野の研究者です。ですからあなたが、わたしの名を知ることはないでしょう。

わたしは東インドのマレーシア諸島を旅し、多くの植物や動物を採取してきました。そして、なぜこれほどまでに多種多彩で、同時に似通った性質を持つ生物が世界各地にいるのかを、解き明かしたいと願ってきたのです。その結果、先ごろわたしは一つの仮説に至りました。

わたしは、これまで独自に進めてきた研究から、これがもっとも合理的な説ではないかと思っています。ただ、もしかしたら独りよがりで、大きな見落としがあるかもしれません。そこで大変なぶしつけを承知で、ダーウィン先生のご意見をうかがいたく、手紙をしたためさせて頂きました。同封したのが、わたしの仮説です。よろしければ、先生のご意見をお聞かせください」

几帳面な文字で書かれたこの手紙から一転、同封された〝論文〟の文字は、あふれるアイデアや思考を必死に書き留めたかのように、荒々しいまでの勢いとエネルギーに満ちていた。

ただ、書かれている仮説は緻密で論理的であり、多くのフィールドワークや証拠に基づいていることが分かる。

何よりチャールズを驚かせたのは、そこに書かれている内容が、今まさに彼が執筆している論文と酷似していたことだ。

「なんということだ。私と同じことを考えていた人が、在野の研究者にいたとは……」

もし、この無名に近い研究者が、すでにどこかの大学や学会にこの論文を持ち込んでいたら、自分がこの22年間進めていた研究は、「古いもの」としてまるで価値がなくなるかもしれない——。

足元が崩れるような喪失感が、チャールズを襲う。

「チャーリー、もう夕飯の準備はできているわよ」

エマの歌うような声も、今の彼の心には届かなかった。

チャールズがビーグル号の航海から戻って以来、約20年。その間、彼が採取した大量の動植物のサンプルや化石を分類し、数多の論文や学術書を読み、近いうちに世に出そうとしたためていた研究内容とは、次のようなものである。

チャールズが発掘してきた化石には、すでに絶滅しているが、現存する動物に酷似した生物の骨が多くあった。

体が大きく、木に登れないナマケモノ。羽が小さく、飛ぶことのできない鳥。

これらが、今存在する種と無関係だと考えるのは、あまりに無理があった。さらにガラパゴス諸島で見てきたように、同じように見える鳥や爬虫類の中にも、クチバシの形状が異なったり、手や尾の形状が違うものがたくさんいた。

これら、異なる場所や時代から集めてきた、さまざまな生命の存在理由を解き明かす理論とは、何か――?

それは、これらの似た生物は、もともとは同じ種だったのではないか……という仮説だ。いや、それどころか、「すべての生物は、一種あるいは、極めて少ない種の祖先的な生物から、分岐して誕生したのではないか」という説である。

この考えに思い至った若い日、チャールズは、さほどの驚きや衝撃を覚えなかった。幼い日から昆虫や植物を観察し、学生時代に高名な生物学や考古学の教授たちと議論を交わしてきたチャールズである。明確に言葉にはしなくとも、彼はこのような仮説を、これまでも頭のどこかで組み立てていたのだ。

「知っていた。私はこの事実を、はるか以前から知っていた……」

それはまるで化石を採掘するように、頭から先入観や〝神学的常識〟を取り払い、丁寧に輪郭を見極めながら、真実を取り出すような作業だった。

チャールズが、生物が「分岐」もしくは「変化」する上で何より重要だとみなしたのは、環境だ。

仮にここに、水陸両方で活動ができる生物がいるとしよう。ただ、その生物がすむ場所の水が干上がり始め、食糧となる虫や植物も地上に多くなってきたとする。

そのような環境下で生き残れるのは、誰か？　それは、陸での生活が得意な個体だ。理由は、陸上での移動速度が速いからかもしれない。手足が長く、四つん這いになった時に、体を地上から浮かせられる身体的特徴のためかもしれない。

そのような特性を持つ個体の子どもは、親の特性を受け継いでいるはずだ。そのなかからまた、置かれた環境下で生きやすい個体が、子孫を残す。そうして何代も何代も重ねていくなかで、新しい種が誕生する。

そのプロセスは、大樹から枝が伸び、その枝からさらに複数の枝が伸び、無数に分かれた枝がそれぞれ花や種子、果実を実らせるさまにも似ている。

だからこそ、現在地上にいるさまざまな人間も、遡れば共通の祖先から始まったのであり、さらに遡ればサルのような種だったはずだ——。

それこそが、チャールズが考えていた理論の根幹である。

そして今……ほぼ同じ結論に至った者が、その思考を言語化し、理論の裏づけとなる複数の標本と研究結果も手元にそろえ、しかもチャールズに、「この論文は正しいと思うか？」と助言を求めてきたのだ。

「正直、悔しくないと言えば、うそになる。私は発表に慎重すぎた。この理論は聖書の教えを真っ向から否定することになる。教会の反論を恐れていたのも確かだ」

ウォレスの手紙を受け取ってからの数日間、チャールズはこの言葉を、何度も胸の内で繰り返した。

「私は、どうするべきなんだ？」と、幾度も自分に問いかけもした。皮肉なことに、神に教えを乞いたいと思ったこともある。

ただ、何度問いただしたところで、心の中から返ってくる答えは一つだった。

「この論文は、すばらしい。今すぐにでも、学会で発表するべきだ」

ある日チャールズは、ウォレスの論文の書き写しを二部作ると、推薦文も同封して、二人の学者へと送った。一人は、植物学者のジョセフ・ダルトン・フッカー。もう一人は、地質学者のチャールズ・ライエル。いずれも高名な学者であり、チャールズの友人であり、研究内容に関する最高の相談相手でもあった。

信頼できる友人に論文を送り終えると、チャールズの心は、荒れた海に凪が訪れたように穏やかになった。

「さて、新たな研究対象を見つけなくてはいけないな。いや、まずは研究のことを忘れて、のんびりと過ごすか。そうだ、エマと一緒に音楽会に行こう。久しぶりに、ロンドンに出るのも悪くないか……」

そんなことを思いながら、安楽椅子に腰をしずめて、目を閉じた。すぐに、心地よい眠気が襲ってきた。

ふたたび1882年2月18日、イギリス・ケント州。

細く開かれた窓をくぐり抜けた風が、長く伸びた白ひげを揺らす。風が運び込む外気の冷たさに、チャールズは思わず身ぶるいした。

地平線に近づく春先の太陽が、部屋をオレンジ色に染めている。一瞬、記憶が混濁したが、部屋の中を見わたし、机に置かれている小包を見た時に、時間と空間が合致した。

つい先ほど届いた、送り主に覚えのない小包。この小包が、24年前に届いたあの手紙の衝撃をよみがえらせたのだろう。

「あの後、いろんなことが起きたな。結局は、わたしの論文は世に出て、わたしが予想していた以上の反響を呼び起こした」

改めて言葉にしてみると、思い出の箱のふたを開けたように、次々に古い記憶があふれ出てきた。

ふたたび、話は1858年に遡る。

チャールズが送ったウォレスの論文は、チャールズが予想した通り、ライエルとフッカーという二人の学者によって「この内容は正しい」と太鼓判を押された。予想外だったのは、彼らが「ウォレスとの共著として、君も論文を発表するんだ」と、チャールズを説得してきたことだ。ウォレスの論文に書かれていることは、チャールズが何年も前から提唱していた理論であることを、二人は誰よりもよく知っていたのである。

ただ当時のチャールズは、論文どころではなかった。まだ生まれて1年ほどの幼い息子が、重い病気を患っていたからだ。

それでもライエルとフッカーの二人は、チャールズ・ダーウィンの名で論文を出すことを推奨し続けた。家族との時間を優先させたチャールズの代わりに、二人はチャールズの研究ノートを発表用に清書し、チャールズ・ダーウィンとアルフレッド・ラッセル・ウォレスの共同論文として、学会に発表してくれたのだ。

その論文が世に出る数日前……病を患っていた息子は、1年半の短い生涯を終える。落胆したチャールズだが、以降は、何かにとりつかれたかのように、研究と本の執筆に取り組んだ。

「なぜあの子の命の炎は、これほど早く燃え尽きてしまったのか？　神の意思？　そんなバカなことがあってたまるか」

チャールズは自身の研究ノートに、次のように記したことがある。

「生物が生きるために必要な環境リソース（日光や食料など）は、繁殖力よりも小さい。つまりは生まれた子の一部しか、生き残ることはできない。生き残るのは、与えられた環境に適した個体であり、その個体が持つ性質が子孫へと受け継がれていく」

皮肉なことにチャールズは、あまりにつらい実体験により、自らが立てた理論の正しさを確信することになる。

「人間も、自然界に生きる生物だ。生まれたすべての子が生き残れないのは、自然の摂理なのだ」

やり場のない悲しみは、「正しい理論を、世に広めなくては」という使命感につながっていった。

息子の死から、わずか1年後。彼は、これまでの研究成果をまとめた書籍を出版する。『種の起源』と題されたその本は、ベストセラーとなった。

『種の起源』が巻き起こした議論は、チャールズの予想を大きく上回るものだった。科学者のなかには、今までの常識をくつがえす理論に、反対の声を上げる者もいたが、それでも研究の重要性は誰もが認めていた。

やっかいなのは、キリスト教である。「すべての生物は、神による創造物だ」というのが、キリスト教の教えだ。だからこそ、「すべての種は、原始的な生命から進化して今に至っている。人間も祖先をたどれば、サルのような動物だ」と説いているように思えるチャールズの説を、キリスト教は認めるわけにはいかなかったのだ。

「あら？　この〝ダーウィン猿〟、今までのなかで一番あなたに似てるんじゃない？」

ある朝、エマは新聞を広げながら、鳥がさえずるように笑った。

「ほら、見て！」

無邪気にエマがテーブルの上に広げた新聞には、毛むくじゃらな猿の身体の上に、チャールズの顔がのっているイラストが大きく掲載されていた。

「まったく。反対派がやることはいつもワンパターンだな。そういえば先日の〝イギリス科学振興協会〟の公開会議で、キリスト教派と科学者たちが論争を交わしてね。キリスト教派では、ウィルバーフォース主教が登壇したそうだ」

「あら、主教様が？　ずいぶんとおしゃべりだと評判の方よね」

「ああ。実際に公開会議でも、私の理論を言葉巧みにこき下ろしていたらしい。ハックスレー君に『猿の血を引くのは、あなたの祖父と祖母のどちらですかな？』と聞いたそうだ」

「まぁ、ずいぶんと意地悪な質問ね。ハックスレーさんって、あなたのお弟子さんの科学者よね？」

「ああ、とても頭の切れる男だよ、ハックスレー君は。その彼が、ウィルバーフォース主教の質問に、なんて答えたと思う？」

そういうとダーウィンは、愛弟子がよくするように腕を組んで背筋を伸ばし、咳払いしてから、声を張った。

「祖父母の両方がサルの末裔であることを、わたしは望みますよ。神の代弁者をかたり、真実を闇に葬ろうとする者の血を引くより、はるかにましですからね」

「まあ、ハックスレーさんたら！」

エマの明るい笑い声が爆ぜる。

「うまいことを言ったものだ。この手の言い争いは、申し訳ないがハックスレー君に任せよう」

伸びたあごひげを微かに揺らし、チャールズがつぶやく。

「私には、まだまだ解き明かさなくてはいけない真実があるのだから」

ダーウィンは『種の起源』で、動物がいかに進化して環境に適応し、現存する種に到達したかを解いてきた。だが彼の唱えるこの〝進化論〟を完全なものにするには、いくつかの謎を解明する必要があったのも事実だ。それら〝欠けている真実のパーツ〟が無ければ、彼の理論は完成しないと感じていた。

その真実のパーツの一つが、「誕生した特定の種が、どうやって世界各地に広がっていったか」である。

たとえば人間を含む哺乳類の多くは、陸を歩いて移動できる。魚ならば海を泳いで移動できるし、鳥なら飛んで離れた土地にも行けるだろう。

ただ、沼や池などの淡水に生息する生物は、どうやって他の池に移るのだろう？　特に、貝のように移動力の低い生物の移動手段とは？

貝などの軟体動物は、どの淡水にすむ種も極めて似通っている。純粋に同じ種が、複数の離れた湖や池にもいる。もしダーウィンの説が正しいなら、これらの軟体動物は同じ祖先を持つことになり、つまりは、どこかの淡水で生まれた種が、世界各地に拡散したことになる。

「……だが、どうやって？」

その問題が、ダーウィンの頭を悩ませ続けた。この淡水間の移動手段は、どうしても解かなくてはならない命題である。なぜなら、もし移動手段を証明できなければ、「生物は神によって創られ、神の手によって配置された」とするキリスト教の教義を、完全に否定することができないからだ。

だからこそダーウィンは、植物学者や地質学、時には物理学者や経済学者たちとも情報を交換し、謎の究明に取り組んできた。

結果、いくつかの仮説を立てることはできた。

一つは、今の独立した淡水の池も昔は大きな一つの池であり、その後に複数の池に分断されたため、拡散が起きたという説だ。

だがダーウィンは、そうではないと思っていた。

「種の拡散は、地形が変化した後にも起きていたはずだ」と考えていたダーウィンは、次のような理論を構築した。

「植物は、鳥や昆虫に種子や花粉を運んでもらうことで、自らは移動できずとも広い世界へと拡散している。同様のことが動物でも起きたと考えるのは、まったく不自然なことではない」と。

だが、この仮説を裏付ける証拠はなかなか得られず、研究は難航した。

1882年2月18日、イギリス・ケント州。

「結局……証拠は見つからなかったな。私の仮説は、仮説のままなのだろうか」

チャールズは、数珠つなぎに伸びていく記憶の糸が、プツリと音を立てて途絶えるような感覚を覚えた。

自分の体力が衰えつつあることは、日々感じている。

「この謎を解くことは、ついぞ叶わないのか」

悲しい予感に胸を押さえつけられながら、チャールズは安楽椅子に身体を横たえたまま、机に置かれている小包に手を伸ばした。

おやっと思ったのは、この小包が、大きさのわりに重たかったためである。箱は紙ではなく、頑丈な革で作られていた。

「一体、何が入っているのだ?」

仕立てのよい革の箱を開くと、中には、動植物のサンプルを保存するときによく使われる、口径10センチ、高さ15センチほどの筒状のガラス瓶が入っていた。

「何かのサンプルか?」

取り出してのぞき込むが、安楽椅子のあたりはすでに暗く、よく見えない。

立ち上がり、瓶を目の前にかざすようにしながら、チャールズはまだ光が差し込む窓の近くまで歩いていった。

「あっ!?」

西日を浴びて浮かび上がる瓶の内部のシルエットに、思わず声が漏れる。

それは、一匹の甲虫だった。脚などの形状から、水辺にすむタイプなのは間違いない。ただ、チャールズが真に興奮した理由は、そこではない。甲虫の脚に、小さな貝が張り付いていたことだ。

「これは、どこで見つかったものなんだ?」

机の上に置かれていた革の箱に駆けよると、底に残されていた手紙を荒々しく取り出した。

「尊敬する、チャールズ・ダーウィン先生」

几帳面な文字で書かれた手紙は、次のように続いていた。

「突然のお便りで、失礼いたします。わたしはノーサンプトンに住むワルター・クリックと申します。本職は靴職人ですが、趣味で軟体動物の研究をしており、先生の著書『種の起源』の愛読者でもあります」

その後、手紙の主はいかに彼がチャールズの研究に感銘を受けてきたかをつづった後、チャールズが知りたくてしかたのない、甲虫のサンプルについて言及し始めた。

「同封した甲虫は、家の近くの池で見つけたものです。最後部の右脚には、小さな貝（ザルガイの一種だと思われます）が、しがみつくように付着しておりました。わたしが発見した時には、甲虫はもちろんザルガイも生きていました。

先生は以前に論文で、淡水にすむ原始的な軟体生物が、いかに拡散したかを解明する必要があると書かれておりました。差し出がましいことをするようですが、貝が張り付いたこの甲虫が、先生の研究のお役に立つようでしたら嬉しく思います」

そこまで手紙を読んだとき、チャールズは、全身の毛が逆立つような興奮を覚えた。ひったくるように瓶を手に取り光にかざすと、甲虫はもちろん、脚に張り付く二枚貝も間違いなく生きていた。

「ノーサンプトンからここまでは、２００キロほどの距離がある。発送されてから着くまで、時間もかかっただろう。その間、貝は甲虫の脚にしがみついたまま、生き続けていたのだ」

つまりは……と、誰に聞かせるでもなく、はっきりと声にしていた。

「やはり淡水にすむ軟体動物は、虫や鳥などの陸や空中を移動可能な生物に付着し、他の池に拡散していったのだ！　目の前に今いるこの甲虫と貝こそが、その証拠ではないか！」

そこまで言った時、チャールズは、大きな声を立てて笑い始めた。

「まったく痛快じゃないか！　湖や池に生物を運んでいたのは、神の手ならざる、虫の脚だったんだ！」

「あなた、お食事よ」

ちょうどその時、エマが食事をワゴンに載せて運んできた。だがその声も耳に入らないほどに、チャールズの思考は研究へと没頭していた。

1882年2月下旬、イギリス・ノーサンプトン。

家に届いた封筒にその名を見つけた時、ワルター・クリックの心臓は、キュッと音を立てて縮むようだった。

「チャールズ・ダーウィン」

にわかには信じられなくて何度も見直したが、やはりそう書かれている。筆跡も、論文や著書の中で見た彼の肉筆とそっくりだ。

「本当に、あのダーウィン先生が返事をくれたのか!?」

そう思うと興奮で足が震え、同時に、手紙に何が書かれているのかを思うと、封を切るのに勇気を要した。

「つまらないものを送ってくるな……そう思っただろうか？　やはり僕のような学者気取りの素人が、進言などするべきではなかったのか」

しばらくは、手紙を手にしたままウロウロと家の中を歩き回った。ついに心を決めて、ペーパーナイフで丁寧に封を切ったのは、幼い息子が不思議そうな目で自分を見上げていたからだ。

中には、4枚もの便箋が入っていた。筆跡はしっかりしているが、前のめりになるように傾いたアルファベットが、急いで書いたことをうかがわせる。

手紙の書き出しの一文を読んだ時、ワルターは安堵と嬉しさで、その場に崩れ落ちそうになった。

「ワルター・クリック先生。このたびは、大変貴重なサンプルを送って頂き、ありがとうございます。この甲虫と貝について、おうかがいしたいことが山ほどあります」

そして実際にチャールズは、手紙にびっしりと質問を書き連ねてきた。甲虫を発見した池の場所や形状。他にどのような生物がすんでいるか？　池は深いのか、浅いのか？　近くにも池はあるのか？　池の周辺は森のように大樹が多いのか、それとも草原や土なのか？

「僕はなんて間が抜けているんだ。甲虫を見つけた環境や状況について、何も説明していなかったなんて。そうだ、これらの詳細がなくては、研究材料として意味がないじゃないか！」

ワルターはすぐに、虫取り網を手にし、ピンセットや瓶をカバンに詰めると、幼い息子を連れて、例の甲虫を見つけた池に向かった。ダーウィンに問われた質問に、正確に答えるためだ。池の周囲の植物や土壌も採集し、ガラス瓶に小分けに詰めた。幼い息子が、父親の真似をして瓶に水を入れようとする。

「おい、ダメだ！　それはいじらないでくれ！」

滅多に大声を上げることのない父親の剣幕に、息子はビクっと身体を震わせた。だが父の真剣な様子に気づいたのか、息子はいたずらをやめて、じっと父の作業を見つめた。

さらにワルターは、周囲の池にも足を運び、そこの水や生物も採集した。家に戻り、それらの一つひとつにラベルを貼ると、靴の素材の牛皮で手早く箱を作り、緩衝材の布と一緒に中に詰めた。

その箱をダーウィンのもとに送った後も、ワルターは今まで以上に頻繁に、フィールドワークに出かけるようになった。ある日は、足に二枚貝が張り付いたカエルの死骸を見つけた。

「きっとダーウィン先生は、このカエルにも興味を持つに違いない！」

ワルターは、いつものようにそのカエルを瓶に入れると、ラベルを貼り、状況を説明した手紙とともに、革製の箱に詰めて送った。

このような二人のやり取りは、その後も頻繁に続いていった。

1882年4月6日、イギリス・ノーサンプトン。

郵便受けに届いた科学誌「ネイチャー」に記載されたその名を見た時、彼はあの時と同じように、心臓がキュッと音を立てて縮むような感覚を覚えた。

「チャールズ・ダーウィン／ワルター・クリック」

「ネイチャー」に掲載された論文の「著者」欄には、あのチャールズ・ダーウィンの名の横に、自分の名が記されているのだ。

その論文は、とても短いものである。だが、ダーウィンが提唱してきた説の完成度を高める、極めて重要な内容だった。孤立した淡水にすむ貝などが、いかにして拡散したのか？　その方法を裏づけたのは、ワルターが見つけた貝付きの甲虫やカエルなのだ。

「信じられない……自分の名前が、『ネイチャー』に載るなんて。すごいだろ！　父さんの名前が、あのダーウィン先生の横に記されているんだぞ！」

足元でじゃれついていた息子を、放り投げんばかりの勢いで抱え上げて、彼は叫んだ。

1882年4月19日、イギリス・ケント州。

「もう一度、『ネイチャー』に論文を掲載できるとは思わなかった。ワルター・クリック氏には、本当に感謝している。早く彼と会いたいものだ」

体をベッドに横たえ目を閉じたまま、チャールズは、〝論文共著者〟はどんな人物なのだろうと、ぼんやりと考えていた。

ワルターが送ってくれたサンプルのお陰で、自説を完成させるための〝真実のピース〟の一つは埋まった。

「ただ……まだ一つ、必要なピースがある」

それは、「親の特性が、子に受け継がれるメカニズム」である。

子は、親に似る。それは疑いようのない事実だ。だが、完全に同じようになる訳ではない。また、親に似る子がいれば、あまり似ていない子もいる。

果たして親の特性は、いかにして子に受け継がれるのか？

この謎を解明するため、チャールズは著名な植物学者たちと議論を交わし、自らも植物を用いて実験をした。その過程で、いくつかの仮説も立ててきた。だが、裏づけとなる決定的な実験結果や証拠を見つけるには、未だ至っていない。

「エマ、ノートとペンを取ってくれるかな。明日にもやりたい実験がある。忘れないうちにメモを取っておかなくては」

うわごとのようにそう言ったものの、すっかり弱りきったチャールズには、身体を起こすことも、妻が差し出してくれたノートに手を伸ばすこともできなかった。

その日の夜、チャールズ・ダーウィンは息を引き取る。妻のエマをはじめ、7人の子どもと孫たちに見守られながらの、73歳の穏やかな旅立ちだった。

1859年、チェコ・ブルノ修道院。

「これはなんとも、刺激的な理論ですね……」

やや小太りの身体をゆすり、ずり落ちてくる金縁の眼鏡を押し上げながら、彼は手にした本のページを次々とめくっていった。

鐘の音に気づいた彼は、その本――『種の起源』を机に置き、慌てて立ち上がった。首にかけた十字架が左右に揺れる。そのまま自室を去ろうとしたが、部屋に戻って読みかけの本を引き出しにしまった。

「一応、隠しておきますか。大司教さまがご覧になったら、卒倒するかもしれませんからね」

修道院の裏庭に出ると、そこには彼の畑が広がっていた。

「メンデル司祭、僕らもお手伝いするよ！」

近所に住む農家の子どもたちが、いつものように集まってくる。

「おお、ありがとうございます。ではお願いできますか？　ツルを傷つけないように、マメの房だけを収穫してくださいね」

この子たちが生きる未来のためにも、この研究は必ず成功させなければ――。

額に浮かぶ汗をぬぐい、グレゴール・ヨハン・メンデルは、そう神に誓った。

科学の
先駆者たち

神と大地と人の叡智が伝える〝遺伝〟の知

メンデル

1899年、ドイツ——。

1冊の雑誌を手に、カール・コレンスは二度、愕然とした。

コレンスは当時、35歳。植物を用いて〝遺伝〟の謎を解き明かすことは、彼が人生を捧げてきた研究である。

彼はドイツのミュンヘンで生まれたが、少年時代を過ごしたのはスイスである。両親が早くに亡くなったため、スイスに住む叔母の手で育てられたからだ。

叔母はコレンスに、教育の機会も愛情も申し分なく与えた。そしてコレンスも、叔母の期待に応えるべく奮起した。

スイスの自然に親しみ、特に植物と昆虫の観察が好きだったコレンスは、学校の成績も常にトップクラス。ただ高校を卒業した後は、すぐに地元で働き始めた。自分を育ててくれた叔母に、恩返ししたいと思ったからだ。

ところが高校卒業の数年後、コレンスは叔母から思いがけない言葉をかけられた。

「大学に行っていいのよ」

コレンスがはっとして叔母を見ると、叔母は優しく言った。

「あなたはあなたの道を進みなさい。本当はドイツの大学に行きたいんでしょ？　だったら私に気を遣うことないのよ」

そう言って叔母は、封筒を目の前に差し出した。中に入っていたのは、これまでコレンスが叔母に毎月手渡してきたお金である。叔母はそのお金には一切手をつけず、コレンスのために取っていてくれたのだ。

叔母の想いを受け止め、コレンスは21歳でミュンヘン大学に入学。ミュンヘン大学には、カール・フォン・ネーゲリという著名な植物学者がいた。コレンスはネーゲリの導きもあり、植物学を学び始める。とりわけ彼が熱中したのが、植物がもつ特徴の継承性……すなわち、遺伝の研究である。

ミュンヘン大学を卒業し、テュービンゲン大学の講師になったコレンスは、自らの研究に打ち込んだ。そしてついに、遺伝に関する一定の法則を発見したのである。

「ようやく見つけたぞ！　これこそが、生物の特性が子孫に受け継がれる法則だ。かのチャールズ・ダーウィンですら解き明かせなかった、遺伝の謎だ！　それを僕が見つけたんだ！」

興奮に打ち震えながら、彼は恩師のネーゲリに論文を送った。ネーゲリから届いた「君の発見を誇らしく思う」という趣旨の返信には、次のような一文が添えられていた。

「私の知っている学者が昔、似たような研究をしていた。一応、発表する前に彼の論文を確認しておいたほうがいいかもしれない」

コレンスは、ネーゲリが教えてくれた、その学者の名を知らなかった。いや、もしかしたら以前に聞いたことがあるかもしれないが、少なくとも記憶には残っていない。

いずれにしてもコレンスは、その学者の論文を探し、時間はかかったものの、なんとか取り寄せることができた。見つけるのに手間取ったのは、論文の掲載誌が「ブリュン自然科学会誌」という、ほとんど聞いたこともない科学雑誌だったからだ。

届いた「ブリュン自然科学会誌」をペラペラとめくりながら、「正直、ろくな論文が載っていないな」とコレンスは思った。

「学者というより、素人に近い人たちによる同人誌だ。ネーゲリ先生の言っていた論文も、たいしたものではないだろうな」

そんなふうに、どこかで高をくくっていた。その論文を読み始めるまでは……。

しかし、その論文を読み、彼は愕然とした。あろうことか書かれていた内容は、これから自分が発表しようと意気込んでいた論文と、ほぼ同じだったからである。

「まさか、こんな学会誌に掲載されていたなんて……」

先ほどまでの高揚感が落胆に変わる。すでに発表されていた研究結果を再発見し、「世紀の大発見だ！」と大喜びした自分を思い出すと、恥ずかしさでこの世から消えてしまいたいと思った。

さらに彼を愕然とさせたのは、その発表時期である。

「1865年2月!?」

それは彼自身が生まれてから、1年も経っていない頃だ。

「なんて僕はおろかなんだ……。物心がつくより先に解明されていた謎を、ずっと追っていたなんて」

自分の生きた年月が、なんとも無意味なものに思えてきた。論文を発表する気など、木っ端みじんに砕け散った。

その約1年後――。コレンスはユーゴー・ド・フリースというオランダの優れた研究者から、一本の論文を受け取る。

「これは、私の生涯の研究の集大成です。近く発表する予定です。あなたの研究やデータに言及している箇所もありますので、よろしければ査読をお願いいたします」

そのような丁寧な手紙が添えられた論文を読み、コレンスは再び、驚嘆した。

論文の内容が、コレンス自身が一度は自分が第一発見者だと狂喜し、実はとっくに発表されていたと知ってショックを受けたものと一緒だったからだ。

「僕だけじゃない。僕より先輩のド・フリースさんですら、この謎がすでに解明されていたことを知らなかったんだ」

その事実に少し安堵し、だが次の瞬間には、自問自答した。

「なぜこれほどの大発見が、35年もの間、誰にも相手にされず眠っていたんだ……」と。

少し考えてはみたが、答えは一つのように思えた。

二度と見たくもないと思った「ブリュン自然科学会誌」を、本棚の奥から引っ張りだした。

「植物雑種に関する実験。著者、グレゴール・ヨハン・メンデル」

そう題された論文は、もう一度読んでもやはり、非の打ちどころがないほどによく書けている。

「つまりは……、早すぎたのか」

ある種の同情と共感を覚えながら、彼はポツリとつぶやいた。

オーストリア帝国、オドラウ郡——。

記憶の始まりの時を、人は記憶しているものだろうか？　何歳の頃に見たものを、人は〝最も古い記憶〟として心に刻むのだろう？

ヨハン・グレゴール・メンデルにとって、それは、家の居間に掛けられている、タイル製の壁飾りに描かれた図柄だった。

３つの円が互いに重なりあう、大きな花弁の花のような紋様。それぞれの円の中央には、ヒガンバナの花びらのように美しい曲線で、文字らしき物が書かれている。

食卓を囲む時にいつも目に入るその不思議な図柄は、大好きな家族との温かく幸福な時間の象徴として、幼いヨハンの柔らかな脳に焼き付いた。

「ねぇ、あの文字はなんて書いてあるの？」

好奇心旺盛なヨハンが尋ねると、博識な父はなんでも答えてくれる。

「あれは、マタイというイエス・キリストのお弟子さんが残した言葉で、『主の御心のままに』と書かれているんだ」

「じゃあ、あのマルはなに？」

「あの３つの丸には、それぞれに意味があるんだ。最初の円は、『父』、２番目が『子』、そして３つ目が『霊』。父は父なる神を、子は神の子であるイエス・キリストを、そして霊は聖霊を意味している。そして、この３つは一体であり、３つとも、唯一の存在である神様の姿なんだ」

すらすらと語る父の言葉が、どういう意味なのか、すべてわかった訳ではない。ただ、３つの円が重なりひとつとなった「神様」が、揺るぎない絶対的な存在だということは、直感的に理解できた。

メンデル家には、ヨハンを含め、３人の子どもがいた。

長女のベロニカ、次に生まれたのがヨハン。その下にテレジア。ヨハンは唯一の男児である。

メンデル家は、オーストリア帝国オドラウ郡の郊外にある、小さな村の農家だった。ただ、所有する農地は広く、家も石造りで立派だ。ヨハンの父、アントンも人望が厚く、多くの村人たちが彼を頼ってよく家を訪れた。

ヨハンは、そんな父が誇らしかった。

ある時、片腕のない男性が父を訪ねてきたことを、ヨハンはよく覚えている。男性のその姿を見た時は、驚いた。ただ父は、その男性との再会を心から喜び、ハグを交わし、夜遅くまで大きな声で楽しそうに話しながら、お酒を飲みかわしていた。

「あの人はお父さんの古いお友だちで、いっしょに大変なお仕事をやりとげた方なのよ」

母は、そうとだけヨハンに説明した。父が若い頃、オーストリア軍の兵士として、皇帝ナポレオン・ボナパルト率いるフランス軍と戦い、その功績を称えられて今の広い農地を与えられたと知ったのは、しばらく後のことだった。

そんな戦争から時は流れ、町の喧騒からも離れた農村の空気は平穏だった。人々は太陽のめぐりに寄り添うように、1日を、1週間を、そして1年を規則正しく生きる。

ヨハンは毎朝起きると、庭の掃き掃除をし、アヒルを小川で遊ばせ、ウサギやニワトリに餌を与えた。10歳になった頃には斧の扱い方を父から学び、薪を割って、火をおこすことも覚えた。井戸から汲んだ水を台所や馬小屋に運び、ヤギを牧草地へ連れて草を食ませ、牧草を刈り取った。その間に、幼い妹の面倒もみる。そうしているうちにあっという間に外は暗くなり、太陽が沈んでほどなくすると眠りについた。

判で押したように同じことを繰り返す日々のなかで、唯一の例外が日曜日だ。

日曜日は、神様がつくった安息日である。だからこの日はいつもより仕事は少なめにして、教会に通い、家族一緒に過ごす時間を多くした。

日曜日が来ると、メンデル家で最初に教会に行くのは、母である。早朝礼拝を済ませた母が午前中に帰宅し昼食の準備をする間、メンデル家の父と3人の子は、正装して教会のミサに通った。

「どうして教会に行く時は、特別な服を着るの？」

そう尋ねるヨハンに、父は「神様に失礼に当たらないようにするためだよ」と教えてくれる。

タイルの壁掛けに描かれたあの3つの円が、〝三位一体〟と称される全知全能の神のシンボルだと知ったのは、斧を扱えるようになった頃だったろうか。家から20キロ以上離れた修道会所属の高等教育学校に入り、神学を含めた勉学に打ち込み始めたのも、同じ頃。

信仰心、自然観察力、そして体系的な学問――それら3つが重なり、有機的に結合しはじめた時分であった。

聖トーマス大修道院――。

「困ったことになりましたね……」

ずり落ちてくる金縁の眼鏡を指先でクイっと押し上げて、グレゴール・ヨハン・メンデルは、長いため息をついた。

最近、運動不足がたたって、やや体重が増えはじめてきた。そのことは気がかりだが、今それ以上に彼の頭を悩ませているのは、「動物の交配実験禁止」のお達しである。

聡明なヨハン青年は、21歳で名門オロモウツ大学を卒業することができた。そこに至るまでの間には、父のケガや自身の体調不良、そして学費の工面の困難など、幾度も勉学の道をあきらめかけたこともある。それでも運命の導きか、そのたびに誰かが救いの手を差し伸べ、時流のめぐり合わせにも助けられた。

大学卒業後の進路も、そうである。オロモウツ大学の指導教員だった物理学のフリードリッヒ・フランツ教授たちが、モラヴィアの首都ブルノにある、聖トーマス大修道院へと進むよう勧めてくれたのだ。

著名な音楽家たちの基金で設立された聖トーマス大修道院は、その成り立ちからして、芸術や学術研究の場としての気質が強い。フランツ教授たちは、ヨハンの向学心や研究者としての資質を高く評価し、同時に、彼の家に経済的余裕がないことも知っていた。そんなヨハンにとって最良の道は、修道院の修道士になること。そうすれば生活に困ることなく、学業が続けられるだろうとフランツ教授は考えたのだ。

実際に修道院に入ったヨハンは、修道士としての仕事と並行して、動物や植物の交配実験に打ち込んだ。

「いかにすれば、効率よく、より多くの農作物を収穫できるのか？　どうすれば、よくミルクを出す健康な乳牛を育てられるのか？」

もともと父が経営する農園を手伝い、動植物と触れ合って育ったヨハンである。それらの問いに答えを出すことは、故郷の父や友人たちを助け、その子孫の未来を照らすことと同義だった。

ところが……である。困ったことが起きたのだ。

「聖トーマス大修道院の修道士たちが、動物の交配実験を繰り返している」との噂が、その地域すべての教会を統括する、司教の耳に届いてしまった。聖トーマス大修道院を含む教区のシャフゴッチ司教は、厳格なことで知られる人物である。

「聖職者たる者が、動物の交尾を観察するとは何事だ！」

ヨハンが恐れた通り司教は激怒し、動物の交配実験を禁じる通達を出した。さらには植物の実験を禁じるお達しも、近々出す予定だという。

「ふーう……」

ヨハンはまた一つ、長い息を吐き出した。

「また交配禁止令のことで頭を悩ませているのですか、グレゴール修道士」

そう言ってヨハンの部屋をのぞき込んだのは、聖トーマス大修道院のナップ院長だった。「グレゴール」とは、ヨハンに与えられた修道士名だ。ヨハンは修道院内では、この名で皆から呼ばれている。

「ああ、これはナップ院長。申し訳ありません、ため息が外まで聞こえてしまいましたか？」

ヨハンは申し訳なさそうに、鼻の頭を掻いた。

ナップ院長は、ヨハンにとって恩人と言える人物である。オロモウツ大学のフランツ教授たちが、ヨハンを聖トーマス大修道院に推薦してくれた時、ヨハンの生物学や数学、物理学の知識と高い向学心を買ってくれたのが、ナップ院長だったのだ。

「神は命の重さを説き、自害を禁じております。ですが悲しいことに、家族全員に十分な食料がいきわたらず、自ら命を絶つ高齢者がいる。子どもに十分な栄養を与えることができず、泣く泣く死に至らせてしまう親がいるのです。品種改良をすすめ、効率よく農作物を育てることは、神の御心に従うことであるとわたしは信じます」

うんうん、とうなずくヨハンに促されるように、ナップ院長の嘆きは加速した。

「シャフゴッチ司教には、そのあたりの人々の暮らしが見えていないのです。農民たちは苦しい生活を送っているのに、『献金はしっかり集めよ』と言う。困ったものです。農民たちには、そんな余裕はないのです。ですから私たちが、ワインを造って売ったお金を納めているというのに……」

まるでヨハンのため息がうつったかのように、ナップ院長も深い嘆きの息を吐き出した。

ただこの時、ヨハンの頭の中では、一つのアイデアがポンと弾けるように生まれた。

「ワイン……」

若きグレゴール修道士が、独り言のようにつぶやく。

「ワインを教会で造っていると知った時、正直、わたしは驚きました。教会の地下に、あんなに大きなワインセラーがあり、樽がいくつも貯蔵されているとは」

「ええ。ワインはキリストの血、聖なる飲み物です。ミサの儀式にも欠かせませんから、いつ頃からか、教会も自分たちでワイン醸造を始めました。何より、今やワインは教会の重要な財源ですからね。ワインの売り上げなくして、教会の繁栄はないとも言えます」

「じつは、わたしはお酒があまり得意ではないので、あのワインとパンを口にするミサの儀式は苦手なんですが……」

そう言って自嘲気味に笑った後に、ヨハンはすっと表情を引き締めて言った。

「いずれにしてもワインは、教会にとって欠かせぬ存在。そのワインの品質を高め、より多く造るためにも、よいブドウを大量に育てて収穫することは、神の御心にも沿う行為です。すなわち、ブドウをはじめとする植物の交配実験は、主の教えに反するものではない。むしろ教会の繁栄を促進するものなのです！　……というのは、強引ですかね？」

最後に照れたようにヨハンは付け加えると、金縁眼鏡を押し上げながら、また自嘲気味に笑った。

ナップ院長は、何も言わない。

――しまった。さすがに、何をバカなことを言っているのだ、と怒らせてしまったかな？

心の中で冷や汗をかきながら、ヨハンはおずおずと視線を院長のほうに向けてみる。

ナップ院長は腕組みをし、鋭い視線で宙をにらみ、自身と対話するようにうなずいていた。

「す、すみません！　わたしの言ったことは、どうか忘れてください」

ヨハンが慌てて謝罪すると、ナップ院長は「なぜ謝るのですか。それは妙案ですよ」と、説得力に満ちた重厚な声色で言った。

「私は数年前に、ドイツの農業研究会議に参加し、農作物の品種改良の重要性を訴えたことがあります。その時に目にした研究論文の中に、ブドウの交配と品種改良について書かれたものもありました。……まあ、司教様を説得するのに、論文を見せたところで意味はないでしょう。ただ、ワイン製造に欠かせないという点には、司教様も関心を抱くはずです。動物の交配禁止令を覆すのは難しいかもしれませんが、植物の品種改良禁止は、阻止できるかもしれませんね」

そう言うと、ナップ院長はヨハンに視線を向けて、声のトーンを落とした。

「ちょうど来週、集会でシャフゴッチ司教にもお会いします。その時に話してみますよ」

それから、一週間後。

ナップ院長はヨハンに朗報をもたらした。

「動物の交配実験は、今後は教会では行わないことを受け入れました。その代わり、植物の交配実験をすべての教会で認めてもらうことができました。ですから今後は、他の教会との情報交換や共同研究もできます。あなたが他の修道院に移ることになったとしても、研究は続けていくことができます」

ヨハンの表情がぱっと明るくなったのを見て、ナップ院長は続けた。

「我々の現在の暮らしは、先人たちが残した知の上に成り立っています。世の真理を解き明かそうとする志は、後世に伝え、改良を重ねることで、より真相に近づくのです。そのような人々の営みは崇高なもので、神がお望みになることはあっても、禁じることなどありえません。グレゴール修道士。どうか今を生きる人々のためのみならず、この地に栄える未来の人々のためにも、あなたの知を残してください」

ナップ院長の、穏やかながら強い意志のこもった言葉を聞きながら、ヨハンは鼻の奥がツンとするのを感じた。

キリストの血、生命をはぐくむ大地、そして真実を探求する人々の英知――。

それらが一体となり、うねり、世界を動かす膨大なエネルギーを生むようだった。

15年後——。

「これはなんとも、刺激的な理論ですね……」

やや小太りの身体をゆすり、ずり落ちてくる金縁の眼鏡を押し上げながら、ヨハンは手にした本のページを次々とめくっていった。

本のタイトルは『種の起源』。最近イギリスで発行され、科学者や聖職者たちの間でまたたくまに話題になった〝話題作〟、もしくは〝問題作〟である。

カランコーン、カランコーン——。

重厚に響く教会の鐘が、静寂を破り正午を告げた。

「おっと、もうこんな時間ですか!」

本を机の引き出しにしまい立ち上がると、首にかけた十字架が左右に揺れる。彼が向かう先は、修道院の裏庭。

「天にまします、我らの父よ……」

祈りを捧げて胸の前で十字を切ると、「さてと。収穫するとしますか」と自分に声を掛けた。

彼の目の前には、長さ35メートル、幅7メートルの小さな畑がある。そこには等間隔で、房をたわわに実らせたマメ科の植物が規則正しく並んでいた。

15年前に植物の交配実験を認められた時、ナップ院長はヨハンのために、この畑と、さらに温室も用意してくれたのである。

それから毎日、ヨハンは畑仕事と実験・研究に打ち込んだ。そのヨハンの姿と研究意欲に胸を打たれたナップ院長は、ヨハンに大学で学ぶ機会や、学校で教鞭を執るチャンスをも与えてくれた。

大学で物理や数学も学び、学校で子どもたちに教える喜びを知ったヨハンは、生物の特徴がいかにして子や子孫に伝わるのかを解き明かしたいと思った。そのための実験構想を練り、聖トーマス大修道院に戻ってから早速、仮説の実証に取りかかったのだ。

『種の起源』においてダーウィン氏は、〝生物が置かれた条件〟によって変化が引き起こされ、その変化は子孫へと伝わり、何世代にもわたって継続すると、強く訴えています。でも、本当にそうでしょうか？　植物の変化が引き起こされる理由は〝生物が置かれた条件〟だけではないように思います。変化も、代を重ねれば継続されるという単純なものではない。少なくとも植物における特性の継承と変化には、一定の法則性があるとしか思えないのです」

それは、ヨハンが数年かけてこの小さな畑で交配実験を繰り返す中で、感じてきたことである。植物が代を重ねる中で、親の性質が子に継承される事象……すなわち「遺伝」の実験を行う上で、ヨハンが選んだ植物はエンドウだ。エンドウは人工受粉が容易で、比較的、悪天候にも強い。収穫量も安定していて、実験のサンプルには最適だった。

ヨハンはすでに、いくつかの法則を見つけてはいた。

例えば、エンドウの草丈には、高いものと低いものがある。背の高いエンドウから収穫した種子（エンドウマメ）をまいて育てると、背の高いものが多く取れるが、時おり、そうでないものもある。その中から、背の高いエンドウの種子だけをまき、育て、そしてまた背の高いエンドウの種子だけをまいて収穫する。そのような手順を何代も重ねると、必ずすべての種子から背の高いエンドウが育つようになった。同様の手順を背の低いエンドウにも重ね、純度の高い種子の収穫に成功したのだ。

次にヨハンが行ったのは、必ず背の高くなるエンドウの種子から咲いた花のめしべに、必ず背が低くなるエンドウの種子の花粉を受粉させること。同様に、背の低い花のめしべには、背の高い花の花粉を受粉させた。

その実験の結果は、ヨハンを驚かせた。この実験でできた2つのグループのエンドウから収穫した種子をまいて育てると、すべてのエンドウの背丈が高くなったのだ。

偶然とは思えなかったが、それでもヨハンは、幾度か同様の配合を重ねた。はたして、結果は同じである。高いエンドウと低いエンドウを配合させると、収穫した種子から育つエンドウは、すべて背が高くなった。

「どうして背が低い性質は受け継がれなかったのでしょう？　……いや、そんなはずはない」

ここでヨハンは、一つの仮説を立てる。

「背が低いという性質は、表には出てきていないだけで、この背の高いエンドウの中には受け継がれているのではないだろうか」と。

その時ふと、ヨハンの脳裏に、最も古い記憶が映った。３つの円が重なり、「完璧」をイメージさせる、あのタイル製壁掛けの紋様だ。

真実は、３つの円が重なる中央に隠れている。ヨハンが重ねたエンドウの継承の実験は、まだ2段階。もう1段階、交配の実験を進めるべきだと、彼は直感した。

「まだ実験が足りませんね。今度はこの、背の高いエンドウと低いエンドウを掛け合わせてできた背の高いエンドウどうしを、さらに掛け合わせてみましょう」

エンドウの花のめしべに花粉を受粉させると、やがて花弁が落ち、さやが膨らみ、内側に種子が育った。その種子が育ち切ったのを見計らうと、さやを収穫し、中から丁寧に種子を取り出した。

春が来ればまた土に肥料を混ぜて耕し、畝を作り、約30センチおきに土に穴をあける。その一つひとつに一粒ずつ種をまくと、軽く土をかぶせて水を与えた。

やがて土を破って芽が吹きだし、太陽の光を浴びながら、空に向かいジリジリと伸びていく。その芽の多くは高く伸びたが、草丈の低いものも交じっていた。

その比率は、背の高いものが3、そして低いものが1。

「このような比率になったのは、偶然でしょうか？　いや、きっとそうではないはずです。そう、わたしの仮説が正しければ……」

実験の結果は、再現性が無ければ真実とは呼べない。彼はそのような原則に、どこまでも誠実な人物だ。だからこの時間と労力のいる実験を、ヨハンはまた一から根気強く繰り返した。

同時にヨハンは、エンドウマメの形状にも注目した。

エンドウマメには、表面にシワのあるものと、丸くツルツルのものがある。それらの形質の違いについても、ヨハンは同じ実験を行ったのだ。

まずは同形状のエンドウマメばかりを選定して、何代も繰り返して育てる。そうして、必ず丸いマメがなる母集団と、シワのマメがなる母集団に分けた。次に両方のエンドウの花を掛け合わせて、実ったさやを収穫し、マメを取り出す。さらには、この収穫した種子を育てて花を咲かせ、自家受粉させて、実ったマメを収穫した。

はたして結果は、予測した通りである。シワのある種子と丸いものを交配すると、翌年は丸い種子のみが収穫できた。この種子をさらに植えて育てると、翌年には丸いマメが3、シワが1の割合で収穫できたのだ。

「これで仮説は、ほぼ実証されたと言ってよいでしょうか」

ヨハンは、自分に確かめるように問いかけた。彼が発見し、親の特性が子どもに受け継がれる法則とは、次のようなものだ。

生物の特性を決めるのは、それぞれの特性に対応した〝要素〟である。その〝要素〟は、常に二つ一組だ。丸いエンドウマメには、丸の〝要素〟が二つある。仮に丸の要素をAと呼ぼう。シワのエンドウマメには、シワの〝要素〟が二つある。シワの〝要素〟はBとする。

丸のエンドウマメはＡＡ、シワの要素はＢＢ。丸とシワのエンドウマメを掛け合わせると、子に相当するエンドウマメは、親の〝要素〟を一つずつ受け継ぎ、ABとなる。

ここで重要なのは、AとB両方の〝要素〟がそろったエンドウマメには、Aの特性……つまりは丸い形状しか現れないということだ。そこでAの要素を〝顕性（優性）〟、Bのように隠れてしまう要素を〝潜性（劣性）〟と呼ぶことにした。

そして今度は、ABのエンドウマメどうしを掛け合わせる。するとAAが全体の4分の1、BBも4分の1、そして半分がABとなる。A（丸）はB（シワ）に対して優性なので、ABは丸いエンドウマメになり、BBのみがシワのエンドウマメとなる。つまりは、全体でみると丸いものが3、シワが1となるのだ。

「これで説明がつきます。かのダーウィン氏も説いた、親の性質が子に継承される仕組みと、それを担う〝要素〟の存在が」

この後もヨハンは、花の位置や種皮の色などの違いに着目し、それぞれで同様の実験を繰り返した。得られた結果は、いずれも仮説を裏付けるものであった。ヨハンはそれらの膨大なデータをまとめ、物理や数学の数式も用いながら、一気に論文を書き上げた。

その中で彼が主張したのが、次の3つの法則である。

①優劣の法則。丸いエンドウマメがシワに対して優性であるように、二つの〝要素〟の間に優劣関

係が生じ、双方の要素が内包される場合、優性の形質しか現れない。

②分離の法則。丸とシワ両方の要素を持つABのエンドウを交配した時、できるエンドウマメの形状は丸が3、シワが1に分離される。そしてこの比率は、代を重ねても変わらない。

③独立の法則。AとBのような対立要素は、それぞれ独立して次の世代に継承される。つまり、二つの性質は絵の具のように混じり合うのではない。これは個々の特性を担う〝要素〟は、確固たる形を持っていることを示唆している。

これら3つの法則により、ヨハンは、親の特性を子に伝える〝要素〟の存在を明らかにしたのである。

ここで、ヨハンが〝要素〟と呼称しているものこそが、私たちのよく知る〝遺伝子〟である。ただ、そのような名が与えられるのは、まだしばらく先のことだ。

ある日、ヨハンは一通の手紙を受け取った。そこにはこう書かれていた。

「論文を拝読させて頂きました。非常に野心的であり、興味深い研究内容でした。また貴公の、長年に及ぶ実験の労力と、データ収集の尽力には心より敬意を表します。

ただ結論に関しては、いささか、仮説に寄せすぎていると言わざるをえません。エンドウでそのような結果が得られたのは、確かでしょう。ただ他の植物でも同様の結果が得られなければ、それは固有の種に見られる個別の事象にすぎません。エンドウの実験だけでは、親の特性が子孫に継承されるシステムを明らかにしたとは言い難いのは、貴公も十分に承知しているでしょう。

わたしは長年、ヤナギタンポポで研究をしてきました。ヤナギタンポポでも同じ結果が得られれば、あなたが提唱した法則は普遍的なものだと言えるでしょう」

この手紙を受け取った時、ヨハンは半ば落胆し、半ば、予想通りだったとため息を吐いた。

手紙の主は、ミュンヘン大学の、カール・フォン・ネーゲリ教授。当代きっての植物学の権威であり、彼のお墨付きをもらえれば論文は広く世に知られるはずだった。

そんな希望を抱き、ヨハンはネーゲリ教授のもとに論文を送ったのだが、返ってきたのはそっけない返事。そもそも、ちゃんと最初から最後まで読んだかすら疑わしい。

「やはり、もう少し簡潔にまとめたほうがよかったのですかね」

ヨハンの心に小さな後悔がよぎる。

論文を出すにあたっては、ナップ院長に事前に読んでもらっていた。ナップ院長は、これまでのヨハンの取り組みを知っている。この論文がどれだけ精緻な実験にもとづき書かれているかも知っているだけに、「素晴らしい論文です」と言ってくれた。

ただ、「物理的な解説や数式などは、正直、私には理解できない点が多いですね」とも付け加えたのだ。もしかしたらネーゲリ教授も、それらには詳しくなかったのかもしれない。

とは言え、ネーゲリ教授の言っていることも、もっともだ。他の植物で再現できれば、信憑性は深まるし、誰もが納得するだろう。

「ただ……問題は、ネーゲリ教授が指定してきた植物ですよね」

ネーゲリ教授が提示したヤナギタンポポは、人工受粉が困難な花だ。正直、実験に向いているとは思えない。

それでもヨハンは、挑戦を始めた。

「神よ、どうかわたしを導いてください」

長さ35メートル、幅7メートルの畑の前に立ち、ヨハンは目の前で十字を切った。

1883年、聖トーマス大修道院。

「最近のわたしはさらに体重が増し、ニュートンの万有引力を身をもって強く感じる日々です。山歩きをすることもままならず、植物採集もご無沙汰しております。何よりすっかり目が弱ってしまい、細かい作業をするのは難しい。これでは仮に時間があっても、もはや植物の交配実験は無理だったでしょう」

友人に宛てた手紙にそこまで書くと、ヨハンは金縁眼鏡を外し、目がしらを押さえた。

敬愛するナップ院長が亡くなったのは、15年ほど前のことである。その後任に選ばれ、院長に就任したのが、人望の厚いヨハンだった。

もちろん、院長就任は光栄なことではある。ただ、時代は決してよい方向に動いているとは言えなかった。国は政権交代が起こったばかりで、新政府は次々と改革に乗り出した。改革そのものは、悪いことではない。ただ税の負担は重くなり、ヨハンはその対応に追われた。

一方でヤナギタンポポの実験は、予想通り困難を極めた。小さな生殖器官を虫眼鏡で覗き、交配する仕事は、メンデルの視力を損なったのだ。

院長就任の2年後には、ブルノを襲った嵐のせいで、修道院の畑と温室はほぼ全壊。ヨハンが「子どもたち」と呼んだエンドウやヤナギタンポポも、すべて失われてしまった。

そうしている間にも、院長としての職務は苛烈を極める。激務に追われたヨハンは徐々に体調を崩し、最近では、公務もままならなくなっていた。

「ただ……フランツ・バリーナの修道士着衣式は、必ず挙行しなくてはと思っております。それがわたしの院長としての、最後の公務になるかもしれませんが――」

ヨハンは、そう書いた手紙の最後に自分の名前をサインし、封筒に入れた。

フランツ・バリーナは、ヨハンが最も目をかけている若者だ。聡明で正義感が強く、科学や数学も習得していた。着衣式は、新たに修道士になる者に制服を授ける儀式。かつてナップ院長が自分にそうしてくれたように、ヨハンはフランツに、自分がやってきたことを伝え残したいと考えていた。

着衣式を無事執り行った日、ヨハンはフランツを伴って、修道院の裏庭へと向かった。

嵐の影響を受け、一度は壊滅状態になったが、それでもヨハンは実験を再開していたのだ。

足が弱ったヨハンの腕を取り、フランツは畑をじっと眺めていた。

「院長。私には残念ながら、あなたほどの植物学や物理学の知識はありません。あなたの研究を引き継ぐのは難しいと思います。それでも、あなたの志は必ず残します。この畑に花を育て、あなたの功績を皆に伝えていきます」

その言葉を聞きながら、ヨハンは少し胸を張った。

「わたしの人生には暗い時期もあったが、楽しく美しい時間がはるかに勝っています。そのような人生を与えてくれた神に、わたしは感謝しているのです。科学の仕事は、わたしに大きな喜びと満足を与えてくれました。今はまだ、この世界において、わたしがしたことの意味や価値は小さいかもしれません。ですが、いずれ世界がわたしの仕事を理解してくれる日が来ると信じています」

「ええ」

隣に立つフランツが、力強くうなずく。

「あなたの時代が、必ず来ます」

「ありがとう、フランツ修道士。わたしは、神に仕える身です。真実を明らかにすることこそが、宗教者としての使命であると信じてきました。わたしの使命はいつかきっと、誰かが継いでくれるでしょう」

フランツ・バリーナの着衣式から数ヵ月後――。

ヨハンは、医師でもある甥のアロイスに手紙を送った。

「あなたに頼みたいことがあるので、近いうちに、ブルノの修道院まで来てほしい」

その手紙を受け取ったアロイスが聖トーマス大修道院を訪れた時、メンデルはベッドに横たわっていた。

「おじさん？　ヨハンおじさん？　僕だよ。大切なお願いって何だい？」

アロイスが尋ねると、ヨハンはうっすら目を開けて、声を絞りだした。

「やぁ、来てくれたんだね。わたしはもうすぐ、神のもとに召される。その時には、わたしの身体を解剖してほしい。病気の研究と今後の治療に、ぜひ役立ててほしいのだ」

「おじさん、そんな弱気なことを」

「いや、約束しておくれ。そうすればわたしは、安心できるから」


翌日――。

「今日は気分がよいので、一人にしてもらって大丈夫ですよ。少し、今後のことも考えたいので」

ソファーに腰を沈めながら、ヨハンは隣に立つアロイスとフランツに伝えた。

本当に、心が穏やかだった。真冬の寒い日だが、窓から差し込む日差しは暖かく柔らかい。暖炉の中で薪が爆ぜる音が、耳に心地よかった。

ふと、生家の壁に掛けられていた壁飾りが、まぶたの裏に映る。3つの円が重なるその紋様は、いつ思い出しても完璧なバランスを象徴するようで、心に安寧をもたらしてくれるのだ。

最初の円は「父」、2つ目が「子」、そして3つ目が「霊」。

やがてヨハンの脳裏に映る3つの円は、光を放ち、各々が同方向に回転すると、歯車のように互いの回転を促しはじめた。

「ああ、そうか！」

天啓とも言えるそのイメージに、ヨハンは心の中で叫んだ。

父＝親の特性は、子＝子孫へと伝わる。その時に受け継がれるのは、色や形質などの物理的な要素だけではない。志や哲学、情熱などの「霊」も継承され、だからこそ生命の営みは、永遠に循環していくのだ。

「わたしは、この生涯を通じ、神に仕えてきました。教会は、時にわたしの行為は神の御心に反すると見なし、実験や修学を禁じようとしたこともありました。でもそれは、とんでもない誤解です。神羅万象を解き明かそうと願う探究心は、神の教えそのものでした。あなたはわたしが生まれた時から、進むべき道を照らし、導いてくださっていたのですね」


神よ、あなたの愛に感謝します――。

甥のアロイスとフランツが様子を見るために部屋に戻ってきた時、ヨハンはソファーに身を沈めたまま、神に召されていた。

口元には笑みすら浮かべた、穏やかな最期だった。

メンデルの死から十数年が過ぎた、１９００年のこと。

「ユーゴー・ド・フリース先生。論文をお送り頂き、ありがとうございます。実はわたしもつい最近、あなたとほぼ同じ内容の論文を書き上げたところです。

ですがわたしの発見は、30年以上前に、ヨハン・グレゴール・メンデルという修道士により解明されていたのです。その論文の写しを同封いたしました。お目通し頂けましたら幸いです。

カール・コレンス」

コレンスからの手紙に同封されたメンデルの論文を取り出し、ド・フリースは「知っているさ」と小さくつぶやいた。

ド・フリースが、植物の交配実験を繰り返し、その形質継承の法則を発見したのは、数年前のことである。ただ彼は、論文を発表するのはまだ早いと思った。複数の植物で実験し、再現性の高さを確認しなくてはと思ったからだ。

ただその翌年、彼は自分よりはるかに早く、すでに同じ結論に達していた研究者がいたことを知る。

「もはや、ぐずぐずしている暇はない」

ド・フリースはオオマツヨイグサを用いた実験を急ぎ、メンデルがエンドウで発見した法則と同様の結果を得ることができた。そこで論文発表の準備を整え、知人でもあるコレンスに、自身の論文を送ったのだ。

コレンスに送った論文の中では、あえてメンデルの名は伏せた。30年以上前に、同じ結論に達した学者がいた事実を明かすのは、どこか気恥ずかしかったのだ。いや、もっと正直に認めるなら、プライドが許さなかったのかもしれない。

とはいえ論文を発表する際には、もちろん、メンデルに言及するつもりでいた。そして実際に、彼はそうした。

１９００年４月25日。「ドイツ植物学会報告」誌に、ド・フリースの論文が掲載された。

ド・フリースから論文を受け取ったコレンスは、自身も論文発表の準備を急いだ。一度は、再発見に過ぎない論文など発表の意味はないと思ったが、ド・フリースほどの学者もメンデルの存在を知らなかったようだと知り、考えが変わった。

「これほど優れた発見があったことを、埋もれさせてはいけない。これほど偉大な科学者がいたことを、我々は忘れてはいけない。しかも彼は大学の研究室などではなく、修道院の裏の小さな畑で、根気のいる実験と研究をほぼ一人でやりとげたのだ。そのような先人の探究心を闇に葬ることは、我々が行っている研究そのものを否定することにもなりかねない」

1900年5月23日、コレンスの論文も「ドイツ植物学会報告」に掲載された。タイトルは「品種間雑種の子孫の挙動に関するメンデルの法則」である。

さらにはその2ヵ月後、オーストリア出身の農学者エーリッヒ・チェルマックも、ほぼ同じ内容の論文を同人誌に掲載した。チェルマックの祖父は、かつてヨハンが師事したこともある植物学者だった。

ヨハンが生涯を捧げたにもかかわらず、当時は名だたる学者たちにすら理解されなかった世紀の発見。その法則は彼が世を去った16年後に、立て続けに発表された3本の論文によって、世界中に認められた。

いっそう精度を高め、後世の遺伝子研究に光の道を示して――。

二重らせん——疑惑(ぎわく)と猜疑心(さいぎしん)が絡(から)まる遺伝子の構造

ロザリンド・フランクリン

「これは……!?」

この時に覚えた感情を、どのような言葉で言い表せばいいのだろう?

驚き。疑問。怒り。嫉妬。失意。軽蔑。

そのすべてを圧力釜に入れ、圧縮してグツグツと煮詰めたような情念。

１９５３年４月——。

権威ある科学誌「ネイチャー」に掲載されたある論文の評判は、自ずと彼女の耳にも入った。

「核酸の分子構造　デオキシリボ核酸の構造について」とシンプルに題された論文は、わずか２ページの極めて短いものだ。ただその内容は、生物化学界に衝撃を与えるに十分だった。

遺伝子＝ＤＮＡは、どのような構造をしているのか——?

それはこの10年ほど、科学者たちの間で最も熱を帯びた研究対象である。この謎を解き明かした者は名声を得て、仲間たちの羨望と称賛を浴び、ノーベル賞も確実と言われるほどの〝金脈〟だ。

ある者は、そのような煌びやかなスポットライトに引き寄せられて、この研究分野に飛び込んできただろう。一方で、研究者特有の純粋無垢な探究心と向上心によって、遺伝子の謎解明という壮大な冒険に乗り出した科学者も多くいた。

ロザリンド・フランクリンは、間違いなく後者の科学者だ。

ただ彼女は、負けず嫌いではあった。乗り出した以上はその研究分野で自分が一番でありたかったし、そのための努力を誰よりもしているという自負もある。近道を選んだり、根拠のない思いつきをもとに論文を書く者のことを、彼女は心底軽蔑していた。そのような科学者が多くいることが許せなかったし、論理的に破綻した研究発表などを目にした時は容赦しなかった。

そんな彼女が、この「核酸の分子構造」の論文に関しては、綻びを見つけられなかった。

問題は、この論文の著者たちがいかにして、この結論に至る根拠を得たかだ。

彼らが発表した美しい二重らせん構造と、そのらせんを形成するアミノ酸の塩基配列は、それが正解かどうかは置いておくとして、論理的に成立する。彼女自身が今まで進めてきた研究と重ねても、破綻はない。

ただ……。

「この写真を見て、本当にあの二人は、二重らせん構造が正しいと思えたというの？」

論文には、二重らせん構造の根拠となる、ＤＮＡのＸ線回析写真が掲載されていた。Ｘ線回析写真とは、ＤＮＡ結晶にＸ線を照射することによって起こる、Ｘ線の散乱を写した画像のことだ。鮮明なＸ線回析写真は、ＤＮＡの構造を解析するための大きな手がかりとなる。

論文に掲載された写真は十分によく撮れてはいるが、二重らせん構造の証明になるとは思えなかった。

「こんなものより、私が撮ってきた写真のほうが、はるかに鮮明だし精度が高いじゃない」

思わず声に出していた。

論文の著者であるフランシス・クリックとジェームズ・ワトソンは、いずれもロザリンドもよく知っている科学者である。そして論文の中で「協力者」として言及されているモーリス・ウィルキンスは、わずか一ヵ月前までロザリンドが籍を置いていたキングス・カレッジの元同僚だ。もっともウィルキンスに言わせれば、ロザリンドは「俺の部下」になるのだろうが……。そしてウィルキンスは、クリックとワトソンの二人、特にワトソンと仲がよかった。ギョロギョロとした目を光らせ、薄い唇をせわしなく動かしてよくしゃべる、あの狡猾そうなアメリカ人と――。

「ロザリンド、君もその論文を読んだのかい?」

背後からそう声をかけられた時、彼女は驚きのあまり飛び上がり、手にしていた「ネイチャー」を取り落とした。

きゃっ! という彼女の小さな叫びと、床に雑誌が落ちるバサリという音が、静かな研究室のなかで異様に大きく響いた。

「ごめんよ、びっくりさせるつもりはなかったんだ」

同僚が慌てふためき謝ったのは、彼女の驚き方が尋常ではなかったからか、あるいは振り向いた彼女の顔が青ざめており、恐怖と怒気をはらんでいたからかもしれない。

「いいえ、大丈夫よ。気づかなくて驚いてしまっただけ」

「読んでいるの、ワトソンとクリックの論文だろ? 短いけれど、よく書けているよな」

そこまで言った同僚が、「しまった」といった表情を浮かべたのを、ロザリンドは見逃さなかった。

彼女がウィルキンスやワトソンと犬猿の仲であることは、今の職場でも広く知られているようだ。

「そうね……。でも彼ら、この理論が正しいかどうか、どうやって確かめるつもりかしら」

そう言ってごまかそうとした顔が引きつっていることは、自分でも感じていた。

それでも、今心に渦巻く感情を悟られることは、プライドが許さない。ロザリンドは、必死に平静を装った。だが頭の中では、「自分の撮った写真やデータが盗み見られたのではないか」という疑念が激しく駆けめぐる。

「あの男は、私が撮影したDNAのX線写真を見たがっていた。そういえば、あの時も……」

ふと、ある夜のことが思い出された——。

あれは約3ヵ月前、新しい年を迎えてひと月ほど経った日のこと。そしてロザリンドがキングス・カレッジを去るまで、残り2ヵ月ほどに迫った頃だった。

ロザリンドがいつものように、自分のオフィスで撮影したX線写真をチェックしていると、音もなくあの男……ワトソンが扉から入ってきたのだ。

まるで忍び込むように部屋に入ってきた彼は、中に人がいたことを知って、ぎょっとした様子だった。部屋の電気が消えていたので、恐らくは誰もいないと思ったのだろう。

——なんて不躾で、姑息な男なの!?

ロザリンドの心に、激しい拒絶感が走った。それでも、どうにか冷静を装う。腹を立てて声を荒らげたりしたら、相手の思うつぼだと思った。

「人の部屋に入るときは、ノックくらいするべきではないかしら?」

ロザリンドの威圧感にやや気圧されただろうか。ワトソンはビクっと身体を震わせ、「扉が少し開いていたものでね。入ってもいいってことかなって思ったんだよ」と返してきた。

こういうところだ……この人のこういう軽薄さに嫌悪感を覚える、とロザリンドは思った。

「ライナス・ポーリングの論文の草案を、君も見たがっているんじゃないかと思ってね」

ロザリンドの胸中を知ってか知らずか、彼は極めて軽い口調で続けた。

「ライナス・ポーリングの息子のポールが、うちの大学にいるって話は君も聞いたことあるだろ?そのポールに見せてもらったんだ、ライナス・ポーリングが書いている論文を」

ライナス・ポーリング。

その名は遺伝子研究者たちの間で、魔力ともいえるほどの絶対的な影響力を誇っていた。

たとえば子どもが言うことを聞かない時、大人は「早く寝ないとおばけが来るよ!」と言って脅したりするだろう。同じ原理で、なかなか研究成果をあげない遺伝子研究者に仕事をさせるには、「急がないと、ポーリングが先に論文を発表してしまうぞ」と囁けば十分だと言われたほどだ。

ライナス・ポーリングは、恐らく20世紀最高の〝万能の科学者〟の一人だ。彼は量子化学者であり、生化学者であり、医療研究者でもあった。加えるなら、核廃絶運動に力を注いだ平和活動家でもある。

そして当時、彼はすでにアミノ酸やタンパク質の構造を解析したり、分子の化学結合に関する重要な論文を発表するなど、あらゆる科学分野で画期的な成果を上げていたのだ。

そんなポーリングが、遺伝子＝ＤＮＡの研究を始めたというニュースは、他の研究者たちをおののかせた。もちろんワトソンも、ライナス・ポーリングの影を恐れた一人だ。だから彼は、息子のポールが自分と同じ大学に来た幸運を神に感謝し、「堅苦しい英国のしきたりの中で、窮屈な思いをしている若きアメリカ人」という共通項をうまく用いて、友情をはぐくんだ。さらにはその友情を利用して、彼の父親の論文の草案をこっそりと見せてもらうことに成功したのだ。

そのような手法は、ロザリンドには「姑息」だとしか思えない。

「本人の承認なく手にした草案を見たいとは思わないわ。論文として出版された時に、しっかり読ませて頂くことにします」

ロザリンドの毅然とした返答に、ワトソンは、口の端に皮肉な笑みを浮かべて言い返した。

「じゃあ、君が興味あるだろうことだけを伝えるよ。ライナスは、ＤＮＡは三重らせんだと思っている。君がこっぴどく批判した、三重らせんだとね。ま、そう思っても不思議ではない。三重らせんは理に適っているんだからさ。君は、あの天下のライナスがこの論文を出しても、出来の悪い学生を見下すように、頭ごなしに否定するのかな？　ま、するんだろうね、君なら」

途中から感情が高ぶり、抑制が利かなくなってきたのだろう。ワトソンは早口になり、語気が荒くなっていた。

「ああ、そういうこと」と、ロザリンドはうんざりする。

彼は、あの時のことを未だに根に持っているようだ。1年ほど前に開かれた、研究発表会での出来事を――。

あれはロザリンドがキングス・カレッジに来てから、まだ1年経たない頃のこと。ロンドン内の大学や研究所の生化学者たちが集まり、DNAに関する研究発表をした時だった。

ロザリンドとウィルキンスもその発表会に招かれ、特に、ケンブリッジ大学キャベンディッシュ研究所の若い研究者が作った、DNA模型を見てほしいと頼まれた。その二人の研究者こそが、ジェームズ・ワトソンと、フランシス・クリックだった。

ロザリンドが、件の模型が展示されている場所に行くと、ウィルキンスをはじめとする複数のキングス・カレッジの同僚たちが、長身で細身の男性研究者と話していた。

「これはこれは。高名なるキングス・カレッジの研究者の皆さまにご足労頂きまして、光栄です。僕はこの模型製作者の一人の、ジェームズ・ワトソンです。ジムって呼んでください」

その若い男性研究者は、バカ丁寧な挨拶をしていた。その物言いが、表層的でどこか人を小ばかにしているように響いたのは、アメリカなまりの英語のせいだけではなかっただろう。

ウィルキンスはおしゃべりに夢中で、肝心の模型にはあまり目を向けていなかった。だから、模型に歩み寄ったロザリンドには、気づかなかったようだ。

模型を隅々まで眺めながら、おしゃべりなアメリカ人が自慢げにウィルキンスに話す説明を耳にした時、ロザリンドは思わず吹き出してしまった。第一に、彼が話すデータや論拠は「誰々に聞いた話によると」や「どこどこの研究室が出した数値を見せてもらったのだが」など、他人の実験内容ばかりなのだ。しかも正確なデータを取り寄せてもおらず、あいまいな記憶に基づいているようである。

「なんて怠慢な姿勢なの」と、ロザリンドは心の中で吐き出す。自分で汗をかくことなく、机上の空論ばかりこねくりまわすタイプの研究者を、ロザリンドは同業者と認めることができなかった。

案の定、目の前の模型も大きいばかりで、酷いものだと彼女は思う。自分で何度も何度も実験し、数え切れないほど失敗し、そのたびに検証を重ね試行錯誤を繰り返していないから、こんな現実味のない模型を平気で組み立てられるのだと。

「失礼だな、君は！　何がおかしいんだ！」

背後で大きな声がした。振り返ると、あのおしゃべりなアメリカ人が、広い額に青筋を浮かべて立っている。さっき笑ったのを聞かれてしまったらしい。

「これ、あなたが作ったの？」

答えは分かっていたが、念のために聞いてみる。

「あぁ、そうさ。僕と、相棒のクリックで作ったんだ」

彼はそう応じると、近くに立つもう一人の研究者に、ちらりと視線だけ送った。

一方のロザリンドは、改めて彼らが作ったＤＮＡ模型をじっと観察した。それは、三本の鎖が絡むような形状だった。中央にらせん状軸を持ち、内側にリン酸が、外側に塩基が突き出している。

「この模型は、間違いだらけよ」

いつも以上に断定的な口調になったのは、この模型に、自分の研究や信念を汚されたようにすら感じたからだ。

「どこが間違っているっていうんだ！」

ワトソンの声が、先ほど以上の怒気をはらむ。その声の感情に呼応するように、ロザリンドも、「どこって、たくさんあるわよ」と、思わず好戦的に応じ、そして続けた。

「では聞きますが、水分はどこにあるんですか？　ＤＮＡは吸水性の高い分子で、この模型に示されている10倍以上の水を含んでいます。リン酸も水に覆われ、その水が殻となるからこそ、この場所に存在し得るんですよね？　でも、これでは水がリン酸に届かないわ。外側に配置されているナトリウムとイオンが、水分子の通り道をふさいでいるもの。水が足りなければ、リン酸どうしが結合できないでしょ？」

ロザリンドが極めてロジカルに指摘していくと、ワトソンは押し黙った。目は血走っているようだったが、ロザリンドは気に留めないことにした。

「じゃあ君なら、もっといい仮説が立てられるっていうのか？」

ロザリンドが一通り話し終えると、ようやく彼が口を開く。声は、明らかに小刻みに震えていた。

「さぁ。私は〝仮説〟にはあまり頼らない。私は結晶学者。正確なＤＮＡの結晶写真を撮ることが、ＤＮＡの構造を解明する最も正確な方法だと思っているの」

ロザリンドがそう答えると、彼は負け惜しみの声を漏らした。

「ふーん。つまりは手先が器用な技術者で、頭を使うのは得意ではないってわけだ」

――なんて子どもじみた物言い。まったく、お話にならないわ。

そう胸の中でつぶやくと、ロザリンドは背を向け、その場を後にした。

「悪いね、ジム。彼女は優れた研究者ではあるんだが、いかんせん、社会性やコミュニケーション能力が低くてね」

ウィルキンスの無理した明るい声が、背後から聞こえてきた。

――社会性がない？　コミュニケーション能力が低い!?　何を言ってるのよ。それは、あなたそのものじゃない！

ロザリンドの胸に、熱い情動が走った。

思えば、初めてキングス・カレッジの研究室で会った時から、ウィルキンスとはそりが合わないと思った。物腰や話し方は丁寧だが、私のことを、無知なお嬢さんのように扱うこの男を。

それでも、なんとかやり過ごせないかと思っていたが、関係性が決裂する決定的な出来事が起きたのである。あの時、ロザリンドの中では、ウィルキンスと折り合う道は完全に閉ざされたのだ。

それは、ひと月ほど前――。ウィルキンスと初めて会ってから、9ヵ月ほど経った頃である。

そもそもキングス・カレッジに来たその時から、ボタンの掛け違いは始まっていた。

第二次世界大戦の終戦間もない１９４７年からの３年間、ロザリンドはパリの国立化学研究所に勤めていた。キングス・カレッジに拠点を移すべく、生まれ育ったロンドンに戻ってきたのは、１９５１年の１月。それまでは黒鉛の結晶学研究が主だった彼女が、遺伝子研究を中心とするラボで、ＤＮＡの研究に取り組むことになった。

だが、久々にロンドンに戻ってきた時、ロザリンドが覚えたのは、郷愁や喜びではなかった。

キングス・カレッジの中庭には、直径18メートル、深さ８メートルの巨大な爆弾痕が、底なしの深淵のようにぽっかり口を開けていた。

終戦から６年も経っているのに、未だロンドンの町中にはガレキの山が残っている。半壊した建造物が、木の柱に支えられ、その重みに必死に耐えている。いたるところに粗末な仮設住宅が建てられ、多くの人々が隙間風の吹き込む仮の住まいで暮らしていた。

食料は配給制。それも量は少なく、品数も羊肉とジャガイモ程度しかない。パリにいた時は、イギリスから取り寄せた新聞や雑誌が称賛する「イギリス政府は、食料から住居に至るまで、国民の暮らしを保障している」の記事に、母国を誇らしく思いもした。だが、実際に祖国に足を踏み入れ町の様子や人々の姿を見た時には、その実態に愕然とした。

そのような沈んだ心が、もしかしたら新たな職場での人間関係にも影を落としたのかもしれない。

ロザリンドをキングス・カレッジにスカウトしたのは、学科長のＪ・Ｔ・ランドールである。ロザリンドが着任した初日、彼は研究室の面々を集めてミーティングを開いた。

「みんな。彼女が今日から、この研究室の新たなメンバーに加わった、ロザリンド・フランクリン博士だ。君たちの多くが彼女のことを、黒炭結晶の研究成果で知っているだろう。分子を結晶化させ、Ｘ線写真を撮影する技術と、そのデータ解析において非常に優れた論文をすでにいくつも発表している。その彼女がこれからは、ＤＮＡの構造解析研究に着手する。ＤＮＡを結晶化させ、Ｘ線写真を撮ることが主な研究作業になっていくはずだ」

やや高圧的な口調で自分のことを紹介するランドールを、ロザリンドは「ちょっと苦手なタイプ」と感じていた。

「そこで、レイモンド。今日から君は、ロザリンドの下につくように。ロザリンド、彼の名はレイモンド・ゴズリング。博士課程の学生だが、Ｘ線写真の撮影に関しては、この研究でいちばん経験がある。思いっきり使い倒してやってくれ。なにしろ体力はあるからね」

ランドールがそう言うと、ミーティング参加者の中で最も若そうな丸顔の青年が、「ちょっとボス、そりゃないっすよ～」とおどけた声をあげた。

「あ、今日から僕のボスはフランクリン博士でしたね。じゃあランドール先生は、キングに格上げだな」

人懐っこい笑顔のその青年に対しては、ロザリンドは好印象を抱いた。

「よろしくお願いします、ボス！」

声を張ってゴズリングが差し出す手を握り返した時、ややぽっちゃりした体形に比して、細く繊細な指をしていることに、ロザリンドは驚いた。

——手先が器用そう。きっと、いい実験をしてくれるわ。

そんなポジティブな予感も抱いた。

そのほか、二人の同僚を紹介した後に、ランドールは、「今日は欠席しているが、モーリス・ウィルキンスのことは知っているかな？」とロザリンドに顔を向ける。

「同じ学会に出たことはあります。もしかしたら挨拶くらいはしたかもしれませんが、話したことはありません。彼の書いた論文のいくつかは、ここに来る前に読みました」

「そうか。実は、君をこの研究室に呼びたいと言っていたのは、モーリスなんだ。レイモンドはモーリスの直接の部下でね。彼のためにX線写真を撮っているんだが、レイモンドの写真のクオリティに満足できなくなったんだろうね。それで君を呼びたいと言ったんだろう」

ランドールの口調があまりに真剣なので、ロザリンドはそれが冗談なのか本心なのか、判別がつかなかった。「ちょっとキング！　そりゃーないっすよ」と叫ぶゴズリングのおどけた声で場はなごんだが、ロザリンドはランドールのことを、「本心のうかがい知れぬ人」だと感じた。

そして、問題のウィルキンスである。

やや長めの休暇から彼が戻ってきたのは、1月の末。ロザリンドがランドールの研究室に来てから、3週間ほど経った日である。

この頃、ロザリンドは忙しい日々を過ごしていた。新たな職場で望んだ研究成果を出すべく、次々に実験用具を購入して環境を整えていった。

同時に、以前に在籍したパリの研究所での成果をまとめ、複数の論文執筆にも取り掛かっていた。

ウィルキンスとロザリンドの間で、研究のすみ分けやそれぞれの立場について話し合いが持たれなかったのは、ロザリンドが多忙だったことも理由の一つだろう。ロザリンドは自分のことで必死だったし、ウィルキンスの目にはそんなロザリンドの姿が、自分を拒絶しているように映ったかもしれない。

研究のことについて、お互い踏み込んだ会話を交わすこともないまま、ロザリンドがキングス・カレッジに来て９ヵ月が経ったある日、〝事件〟は起きた。

ロザリンドが見込んだ通り、ゴズリングは優れたＸ線写真撮影の腕を持っていた。彼と一緒に、来る日も来る日もＤＮＡのＸ線写真を撮影し、精度を上げ、分析を重ねていく。その集積の中でロザリンドは、ある重要なことに気がついたのだ。

「ねぇ。今まで実験過程の中での〝揺らぎ〟だと思っていたＤＮＡに含まれる水分量だけれど、これ、ＤＮＡには二種類あるからなんじゃないかしら？　つまり、水分の多いタイプと、少ないタイプが……」

ロザリンドのその指摘に、ゴズリングは「えっ」と小さな声を漏らす。一瞬、ロザリンドの言葉を咀嚼し飲み込むかのような間があった後、彼はすぐに、これまで撮影してきた写真の確認作業に取り掛かった。

「えっと、今まで撮影してきたＤＮＡを、含有水分量で分布図にしてみました。縦軸が水分量で、上に行くほど多い。横軸は実験した日付で、右に行くほど最近です」

「やっぱり、最近撮影した精度の高いＤＮＡほど、分布が二極化しているわね」

「そうですね。新しい機材が高性能なのと……、僕の腕も上がってますからね！」

部下のこの手の軽口にはすっかり慣れたロザリンドだが、彼の能力が上がっていることは、疑いようのない事実だ。

「そうね。本当にこの数ヵ月の間にも、あなた、腕を上げたものね。すごく助かってる」

予期せぬ率直な誉め言葉に、少し驚いたのだろうか。ゴズリングは照れを隠すかのように、「ボスのご指導の賜物です」とうやうやしく応じた。

ＤＮＡには二種類あるのではないかという仮説のもと、改めてデータを精査しなおした末に、二人は確信した。ＤＮＡには、水分を多く含んだものと、少ないものの２タイプが存在する。それは個体差や実験精度のゆらぎではない。

ロザリンドは、水分の少ないものをＡタイプ、多いものをＢタイプと呼ぶことにした。

「いやー、これは大きいや。これって大発見ですよね？　言ってみりゃ僕らこれまで、ケーキを焼く時、強力粉と薄力粉の違いを認識せずにごちゃまぜにして、『今回はフワッと上手く焼けた』『今回は固くて美味しくない』とか言ってたようなもんですもんね」

ゴズリングの比喩を聞きながら、ロザリンドは「ゴズリングは料理するのかしら？　それとも料理が好きな私に話を合わせているのかしら?」などと、とりとめもないことを思った。

それにしても、ゴズリングの言う通りだ。二つの異なる型があるとなれば、これまで撮ってきた写真の解釈や、データの解析法も変わってくる。

「忙しくなるわね。これまでの写真とデータをすべてAタイプとBタイプに分けて、データを検証し直さないと」

ゴズリングにというよりも、自分自身に言い聞かせるつもりで、ロザリンドはそう口にした。

「はぁ〜。デートにも行けなくなっちゃうな。お泊まりセット、研究室にもってきたほうがいいですかね?」

冗談か本音か分からぬ部下のこの発言は、聞き流すことにした。

学会で研究成果を発表するため渡米していたウィルキンスが、ロンドンに戻ってきたのは、ロザリンドのこの発見から数日後のことだ。

部屋に足を踏み入れた瞬間、彼は研究室内の空気の変化に気づいただろう。ロザリンドとゴズリングは、今まで以上にモチベーション高く、実験やデータ解析に勤しんでいたのだから。

デスクの上に無造作に置かれていたDNAのX線写真の束を、ウィルキンスは手に取った。写真には「Aタイプ」「Bタイプ」と書かれたラベルが貼られていて、それぞれに関連するデータも書き込まれていた。

「レイモンド!」

ウィルキンスがゴズリングを呼び寄せる。

「これはどういう意味だ？　ＤＮＡには二種類あるのか？」

「ええ。水分の含有量が大きく違うんです。今データを検証しなおしていますが、構造そのものも異なる可能性が高そうです」

ゴズリングのその報告を聞いたウィルキンスの、目の色が変わった。

「ロージー（ロザリンドの愛称）、お手柄じゃないか！　ＤＮＡには二つのタイプがあったんだって？それなら、今まで整合性が取れないことが多かったのもうなずける。よし、データの解析はストークに頼もう。彼は僕の友人だし、この手の計算能力は高いからね。とりあえず、僕が不在だった間に撮影した写真とデータ、それからＡタイプとＢタイプの相違点に関する資料をすべて見せてくれ」

浮かれたように明るく軽快なウィルキンスの声を耳にした時、ロザリンドのこめかみが波打った。

「はぁ!?」

考える間もなく、湧き上がった感情が口から飛び出る。

「データを見せろ？　他人に分析させる？　本気で言っているの？　私の研究成果を横取りする気!?よくもそんなことが言えるわね！　なんて無礼な……いや、卑劣な人なの、あなたは。あなたに研究成果を渡すくらいなら、今すぐすべてのデータを消去し、撮影した写真は焼き払うわ！」

感情の抑制が利かなかった。グレーのスカートにぽたぽたと水滴が落ちて出来るシミを見て、自分が泣いていることに気が付いた。

なぜ、自分がこんな目にあわなくてはいけないのか？　研究に打ち込んできた年月や情熱、能力を踏みにじられなくてはいけないのか？

契約期間が終わったら、すぐにでもこんな研究所を去ろう。自分の好きな研究ができる場所に行こう——もはやここを去ることしか、ロザリンドには考えられなかった。

この日以来、ロザリンドはウィルキンスと、ほぼ口をきくことがなくなった。

にもかかわらず、屈辱的なこの出来事と苦悩を、プライド高きロザリンドは、ごくごく限られた人にしか打ち明けなかった。家族にも話さなかったほどだ。

ただ兄夫婦と食事をした時、期せずして涙をこぼしてしまったことはある。兄は、その涙に気づかぬ振りをした。それは、自分たちの出自や祖先に誇りを持ち、たとえ家族の間でも、弱みを隠し気高く振る舞おうとする、一族の家風によるところが大きかったからだ。

ロザリンド・フランクリンは、1920年7月25日、ロンドンで生まれた。

ロザリンドの父親は、ユダヤ系イギリス人の裕福な銀行員である。ロザリンドの父の父も、そのまた父も、イギリスで金融業を営んでいた家系だ。さらにもっともっと遡れば、いずれは紀元前1000年頃に古代イスラエル王国を建国した、ダビデ王にたどり着くと言われている。その真偽はともかく、由緒ある名家の血統であることは確かだった。

ロザリンドの母親もまた、ユダヤ系の名家の出自である。母方の血筋には、ロンドン大学の政治経済学の教授や、ユダヤ人初のロンドン市長などがいた。ロザリンドは祖先たちから、指導者としての統率力と強固な意志、そして学者としての知性に恵まれた〝遺伝子〟を受け継いでいたのである。

ロザリンドは子どもの頃から、クラスの中で最も裕福な家の子だった。家には古く重厚な家具が並んでいた。父親の友人を招待して開かれる食事会の時には、料理人を招き、一流レストランばりの豪華な食事を作らせた。さらには、料理や食器を小まめに上げ下げしてくれる、メイドたちも雇っていた。

裕福なユダヤ系一家の常として、フランクリン家は子どもの教育に熱心だった。

ロザリンドは6歳の頃から、名門のノーランド校に通い歴史や文学なども習った。なかでも特に興味を示したのが、算数である。

これは、ロザリンドが6歳の時のこと。彼女と一緒に夏休みを過ごした叔母は、机に向かって一心不乱にペンを動かしている姪の姿を見て、絵でも描いているのかと思った。

ところが後ろからのぞき込むと、幼い少女が書いていたのは、数字と数式であった。

「学校の宿題なの？　分からないところがあったら、叔母さんに聞いてね」

そう声をかけた叔母に、ロザリンドは顔を向けることもなく、「大丈夫、自分で考えるのが楽しいから」とだけ答えた。

しばらくしてロザリンドの部屋に行った叔母は、ほとんど同じ姿勢のまま、まだ数式と向き合っている姪の姿に驚いた。

「どんな算数をしているのかしら?」とのぞき込むと、とてもではないが、6歳の子がやる算数ではない。しかも難易度の高い問題を、彼女はすらすらと、間違うことなく解いていくのだ。

「なんて頭がいい子なのかしら。ちょっと怖いくらい」

叔母は夫に、そう漏らした。

実際にロザリンドは、6人いるフランクリン家の子どもたちの中で、最も利発で意志が強く、学校の成績も良かった。9歳で寄宿制の女子学校に入学し、11歳の時には、名門のセントポール女学院に進学した。1904年に創設されたこの名門女学校には、最新の研究設備が整っており、物理や化学の優秀な教員もそろっていた。その恵まれた環境で、ロザリンドは勉強だけでなく、テニスやクリケットなどのスポーツにも打ち込んだ。さらには〝討論クラブ〟に入り、理論的に話し相手を説得する術も修得したのだ。

16歳の時に「科学こそが、自分が生涯を捧げるべき道だ」と自覚したロザリンドは、17歳で、ケンブリッジ大学のニューナムカレッジに飛び級で進学する。

化学、物理学、数学、それに鉱物学――興味ある分野を広げ、科学の世界にますますのめり込んでいった。

もっともその事実は、やや旧態依然とした思想の持ち主である父エリスにとっては、必ずしも喜ばしいことではなかったようだ。

とりわけエリスを悩ませたのが、ロザリンドが、ユダヤ教の教義から離れていったことである。少なくとも、父の目にはそう映った。

もちろんロザリンドも子どもの頃は、親に従い、ユダヤ教の会堂である〝シナゴーグ〟の礼拝に通った。だがケンブリッジ大学に入った頃から、父と娘は〝宗教観〟について、意見を対立させることが増えていく。ドイツ軍がポーランドに侵攻し、第二次世界大戦が開戦した頃から、溝はいっそう深まった。科学、宗教、人種や民族——大学では日々学生たちが、それらの定義について意見を激しく交わしていた。当然ロザリンドも討論会に加わり、それらにつき思索を深めていく。対して父は、ユダヤ人迫害に代表されるドイツ軍の蛮行を科学の発展と単純に結び付け、娘が科学の道に傾倒することに反対した。

ある時ロザリンドは、父親に向けて、断固たる決意を表明する長い手紙を書いた。

「私が、あらゆることを科学に基づいて見たり考えたりすることを、お父様は快く思ってないようですね。確かに私の思考法や結論の導き方は、科学の論述に影響を受けています。

お父様は科学のことを、人間が創り出した、秩序を乱す発明品のように見ていらっしゃるようですね。科学は非日常的なものであり、科学を日常に持ち込んだからこそ、この戦争が起きたのだと。

でも、私はそうでないと考えます。科学は私にとって、人生を解釈する材料であり、ツールでもあります。科学は本来は、人々の人生を豊かにする鍵なのです」

さらに彼女は、こうも書いている。

「人生の成功に、信仰心が欠かせないという考え方には、賛成です。ただ、お父様がおっしゃる『死後の世界への信心こそが信仰である』との考え方には、納得がいきません。信仰のために必要なのは、最善をつくせば成功に近づくという信念と、志を伴う成功には価値があるという理念だと思います。

お父様は、創造主のご意向に背いてはいけないと、よくおっしゃっています。ですが、この世界を創った創造主が……生命の基礎である原形質を生み出した創造主が、この宇宙に生きるすべての個人に関心を抱いているとは、とても思えないのです。

以前にも言った通り、私は自分がユダヤ人であることを誇りに思っています。ただ私の思う祖先への忠誠度は教義ではなく、善行を貫き、科学や医学を学び、先人が獲得した知の財産を受け継ぎ次の世代へと伝えることだと信じています」

彼女にとっては、科学こそが最大の信仰であり教義だった。

大学院卒業後、ロザリンドはパリの国立中央化学研究所で、研究員としての職を得る。結晶学の知識とX線写真撮影の技術は、ここで習得した。

X線結晶学は、当時急成長中の人気学問であった。未知の物質の結晶をつくりX線を当てると、物質を構成する分子に応じてX線が乱反射する。その散乱したX線のパターンをフィルムに記録し、さらに数学上の解析をほどこすことで、物質の分子構造を知ることができるのである。

人類史上、もっとも大規模で悲惨な戦争の末期から終戦を経て、科学者たちの間で急速に人気を集め、次々に新たな発見の扉が開かれた学術分野が、もう一つある。それが、生物学だった。

科学が兵器を生み、多くの命を奪ったことに、科学者たちは落胆していた。間接的とはいえ戦争に加担してしまったことに、自責の念を覚える者も多かった。科学がまとう〝死〟の匂いと影を払拭するかのように、学術界には「生命」の言葉があふれ、多くの科学者たちが、その温もりに引き寄せられた。物理学や化学の世界からも、多くの才能ある研究者が生物学に参入し、生命の神秘を解き明かそうとする大きな潮流が生まれたのが、この時代だったのだ。

そのような時流のなか、最もホットな研究題材となったのが〝遺伝子〟である。

身体的特徴などが親から子に引き継がれる「遺伝」の概念の発見は古く、1865年にオーストリアの修道士グレゴール・ヨハン・メンデルが、エンドウマメを用いた実験によって遺伝の存在を証明してみせた。いわゆる「メンデルの法則」である。だが、「では、遺伝を司るものの正体は何か？」という問いは、その後100年近くにわたり謎のままだったのだ。

事態が大きく動いたのは、1936年。ニューヨークの微生物学者のオズワルド・エイブリーが「遺伝子の正体は、細胞核の中にあるDNAではないか？」という仮説を立てると、イギリスではDNAのX線回析写真を撮影し、それを基にDNAの構造模型を作成するという研究が盛んになった。さらに1943年、エイブリーが肺炎球菌を用いた実験により、「遺伝子はDNAである」という論文を発表。これをもって、遺伝子＝DNA説は、ほぼ確実となった。

時を同じくして、アイルランドの首都ダブリンで、生物学界にとって革命的な講演が行われた。講演者は、エルヴィン・シュレーディンガー。波動力学の基礎を築き、1933年には「新形式の原子理論の発見」の功績で、ノーベル物理学賞を共同受賞し、物理学から生物学へ転身する科学者のさきがけとなった人物でもある。

ドイツやベルギーの大学を拠点とした彼が、アイルランドに移ったのは、第二次世界大戦の戦火を逃れるためだった。そして１９４３年、トリニティ・カレッジでの「生命とは何か」をテーマとした講演会に登壇したのだ。

高名な物理学者が生物学について講義することに、集まった学生たちは困惑したかもしれない。だがそこで語られたことは、革新的かつ合理的であり、希望の光として多くの学生たちの知的好奇心を刺激した。

「今日ここに集まった学生の多くは、生物学を学ぶ者として、日々カエルやショウジョウバエの細胞と向き合っているでしょう。一方、物理学の学生は、原子や分子、電気や磁気を研究対象としているでしょう。かく言う私も、そうでした。ですが本当に、生物学は物理学や化学と分けて扱う必要があるのでしょうか？　おかしな話だと思いませんか？　生物だろうが非生物だろうが、いずれも分子や原子で構成される物質という意味では同じです。これからは、生命体を、物理学や化学の観点でとらえる時代が来ます。いや、もう来ているのです」

さらに彼は、こうも言った。

「生命とは、何か？　それは、常に何かしらの活動をしている物体です。具体的には、食べて飲んで、消化し吸収する。生命体の内部では、物理学における統計的法則だけでは示すことのできない諸原子が、規則的に運動しているのです。特に注目すべきは、遺伝子です。遺伝子がその構造を保持できるのは、それを運ぶ染色体が、非周期性の結晶であるからだと思われます。結晶内の構成単位の配列が、遺伝暗号を形成するのです」

シュレーディンガーのこの講演はたちまち話題となり、翌年、『生命とは何か？　物理的に見た生細胞（What Is Life? The Physical Aspect of the Living Cell)』のタイトルで、書籍として出版された。

その書籍を読み、遺伝子研究に引き込まれた数多の研究者の代表格が、モーリス・ウィルキンス。そして、ジェームズ・ワトソンである。

人のエゴの衝突がもたらす究極の悲劇が戦争であり、その戦争への反動こそが、生命礼賛と生物学の隆盛であった。だが皮肉なことに、その人気と重要性ゆえ〝遺伝子の構造解析〟は、科学界の金脈となる。

かくして金脈をめぐるレースは過熱し、研究者や研究室間のライバル意識や猜疑心は、深く暗い闇を生んでいく。優れた結晶学者のロザリンド・フランクリンをも、闇の渦へと絡め取りながら……。

「放射能防護用のエプロン、ちゃんと着けたほうがいいですよ」

撮影したX線写真をチェックするロザリンドに、ゴズリングが声をかけた。

「ほら、写真撮影している時、ボス、エプロン着けてないこと多いじゃないですか。あれじゃあ放射線直撃ですよ」

「ああ、つい忘れてしまうのよね。これからは気をつけるわ」

顕微鏡から目を離すことなく話すロザリンドに、ゴズリングは手を広げて「しかたないな」と言った表情でため息をつく。

「そんなことより、これはかなりよく撮れたわ」

ようやく顔を上げ、ロザリンドは一枚の写真をゴズリングに手渡す。

「おっ！　確かにこれはきれいですね！」

「細かい解析はこれからだけれど、だいたいのデータはすでに取ってあるわ。整理しておいて」

「分かりました。あと……僕の博士論文の件で、ちょっとお時間頂きたいんですが」

「ああ……そうね」

そう言った時、これまで快活だったロザリンドの口調が、とたんに歯切れが悪くなった。

「実は私、来年の3月にはここを去るの。ロンドン大学のバークベック校でポストが見つかったので。だから、あなたの論文を最後まで見てあげることはできないの。ごめんね」

「えっ！」

ゴズリングは小さく叫び、目を丸める。いつもは人懐っこいその目に、驚きと失望の影が差した。

「もちろんぎりぎりまで相談には乗るし、力にもなるわ」

想像以上にゴズリングがショックを受けた様子を見て、ロザリンドは慌てて言葉を続けた。

「そんなこと言ったって、来年の3月って、あと10ヵ月しかないじゃないですか。それまでに論文が書き上がるはずがないし、あなただって、やり残した研究や、次への準備で忙しくなるでしょう?」

「ちゃんと引き継ぎはやっていくし、あなたと一緒に撮影した写真やデータも残しておく。クレジットさえ入れてくれれば、写真やデータは自由に博士論文に使ってくれていいわ。それに、ここを去ると言っても、バークベック校はすごくそこよ。歩いても30分で来られるんだし」

ロザリンドはつとめて明るく振る舞ったが、ゴズリングは、あからさまにすねたように口をとがらせている。

悪いことをした……と、ロザリンドは思った。

ウィルキンスから離れたい、早くここを去りたいと考えるばかりで、この従順で明るく、優秀な助手に気を配るのを怠っていた。

「ごめんなさい。確かにあなたには、もっと早く言っておくべきだった」

ゴズリングはうつむいたまま、「もういいですよ」と言うと身をひるがえし、先ほどロザリンドから渡された写真を手に、資料棚へと向かった。

これまでに撮影されたX線回析写真や、数々のデータが書き込まれたファイルと照合しながら、手にした写真の余白に、マジックペンで「51番」と書き込む。写真を順番通りにファイルに戻し、資料棚の扉をいつも以上に強く押すと、バタンと大きな音が響いた。

1953年1月末――。モーリス・ウィルキンスは、ゴズリングのデスクに積まれたDNAのX線写真の中から、その1枚を見つけて、色めき立った。

「51番は、いつ撮ったものなんだ!?」

ウィルキンスが尋ねる声に、「いつって……写真の裏にデータが貼ってあるでしょう?」と、ゴズリングはいつになく、そっけなく答えた。博士論文の追い上げにかかっているだけに、さすがのゴズリングといえど、最近は少々ピリピリしている。ロザリンドとは、このところほとんど口をきいていない。彼女の代わりにウィルキンスが博士論文指導官となったことも、彼の心を以前より重くしているようだ。

「1952年5月……けっこう前じゃないか。これはお前が撮ったのか?」

「DNAの準備は僕がしましたが、撮ったのはフランクリン博士です。博士論文に使っていいからと言ってくれたので」

ゴズリングのその言葉が聞こえているのかいないのか、ウィルキンスは写真をじっと見つめている。

「すごくきれいに撮れてますよね。フランクリン博士が撮ったなかでも、それが一番鮮明です。ただそれ、B型のDNAなんですよね。僕の論文はA型がメインなので、あまり使うことは無さそうなんですが」

抑揚のないゴズリングの声を聞き流しながら、ウィルキンスは「そんな問題じゃない。この写真は、そんな小さな話じゃないんだ」と少し苛立ち、同時に、彼のみならずロザリンドまでが、この写真の重要性に気づいていない幸運に感謝した。

だが、すぐに思い直した。

――いや、ロザリンドのことだ。もしかしたら誰にも話さず、ひそかに論文を書く準備を進めているのかもしれない。猜疑心と焦りに、鼓動が速くなった。

「この写真に関する資料は他にもあるのか？　ここに書かれているものだけか？」

興奮をゴズリングに感づかれないように、冷静を装い尋ねる。

その声に応じて振り返ったゴズリングの目に、いぶかしむような色がにじんだ。少なくとも、ウィルキンスにはそう見えた。

ゴズリングは、しばらく言葉を発することなく、感情をうかがうようにウィルキンスの顔をじっと見ている。

しばらくの間、気まずい沈黙が両者の間に流れた。いや、もしかしたら一瞬だったのかもしれないが、ウィルキンスには長い時間のように感じられた。

ゴズリングは、ウィルキンスの顔に定めていた視線を外すと、立ち上がって資料棚へと歩み寄り、几帳面に収納されているファイルの中から、いくつかを手早く取り出した。

「こちらに、51番の写真に関するデータはすべて揃っています、ボス」

差し出されたファイルを受け取ると、ウィルキンスは、「目を通しておく。論文の話し合いも、明日にでもしよう」と言い、自分のオフィスへと戻った。

落ち着いて、改めて51番の写真を眺めた。

実によく撮れている。そして恐らくは……ＤＮＡがらせん構造であることの、証拠にもなり得る。らせんの傾斜と間隔のパラメータは、この写真から得ることができるはずだ。メンデルの発見以降、１００年に及ぶ生命の謎を解き明かすカギが、今、自分の手元にあるのだ！

――それにしてもロージーのやつ、これを撮っていながら私には見せないなんて。撮ったのは彼女かもしれない。だがここは私の研究室だ。ここで得たデータや功績は、すべて研究室の共同財産だ。……まあ、いい。データは私の手元にある。彼女はこの写真の重要性も知らぬまま、２ヵ月もしないうちにここを出ていく。それからじっくり、検証にあたるとしよう。

波立つ心を落ち着けるように、ウィルキンスは自分に言い聞かせた。

だがその時、不安と疑惑が彼の心を覆った。

「待てよ……」

――もしかしたら彼女は、この写真が意味するところをすでに分かっているのかもしれない。あんなに慌ててここを去ろうとしているのも、それが理由なんじゃないか。手柄を独り占めするため、そして私の助力を拒絶するため、この研究室を出てから論文を発表するつもりかもしれない。いや、もう明日にでも発表の準備は整っていて、世に出すタイミングを待っているだけかもしれない……。

一度そう考え出すと、カサブタをはがした痕から血が滲み出すように、次々と疑念が湧き出し心を覆っていく。

ロザリンドが研究室を離れた次の日にも、論文が権威ある科学誌に掲載され、自分の名はどこにも言及されることはなく、そして同業者たちの笑われ者になるのではないか――!?

そう思うといても立ってもいられなくなり、足はロザリンドの研究室へと向いていた。扉の前に立つと、おそるおそるノックしてみる。

少し間があり、開いた扉から顔をのぞかせたロザリンドは、ウィルキンスの顔を見て明らかに驚いたようだった。

「なにかしら?」

そっけなく問うロザリンドに、ウィルキンスはつとめて冷静を装いながら返す。

「君と私の間には、ボタンの掛け違いや、意見の相違も多くあった。君が今さら、私との関係を修復しようと思ってはいないことも分かっている。だがゴズリング君のことは、考えてやってくれ。彼の論文の指導官は私になる。彼が論文を書くために必要なデータや情報の共有や、引き継ぎはやっておくべきだろう?」

今までそんなことを気に留めた様子もなかったウィルキンスの提案に、ロザリンドはふたたび怪訝そうな目をした。

「彼にはデータをすべて渡しているし、その意味も説明している。論文の方向性や、課題点も話し合って伝えている。あなたに話すことは特にないわ」

そこまで言うと、続きの会話を拒絶するように、彼女はバタンと扉を閉じた。

「間違いない」と、ウィルキンスは思う。

――やはり彼女は、あの写真が持つ意味を知っている。それをゴズリングには教えてないし、私にも明かさないつもりなんだ……。

もはや、ぼやぼやしている時間はない。ロザリンドが論文を出す前に、手を打たなくてはいけない。そのために、今の自分に必要なのは味方だ。自分一人で、ＤＮＡの構造を示す論文を書くには、まだ資料やデータ、そして何より時間が足りない。

ただ……彼らなら、ロザリンドを出し抜けるかもしれない。

この時、ウィルキンスの頭に真っ先に浮かんだのは、ギョロギョロとした目を輝かす、ジェームズ・ワトソンの顔だった。

「ああ、ジム。私だ。近いうちに会わないか？　情報交換をしたいというのもあるし、久しぶりにお互いの近況を報告するのも悪くないだろ？」

数日後、ワトソンとウィルキンスは、とあるバーで再会した。最初は挨拶と、お互いの私生活などたわいもない会話をしていたが、お酒が入るにつれ、ワトソンのおしゃべりは勢いを増していった。

「おたくの研究室にいる、あの嫌味ったらしい〝ダークレディ〟、最近どうしてる？」

ウィルキンスは、ここが話の核心に入るチャンスだと思った。

「ああ、ロージーのことか？　相変わらずだよ。ＤＮＡのＸ線写真を撮り続けている。ま、あと2ヵ月でうちの研究室を出ていくが、困ったことに、自分がどんな論文を書いているのかもまったく我々に知らせないんだ」

「ふん。あの女らしい。手柄は全部、独り占めするつもりなんだろうな。本当はあなたをはじめ、この分野を切りひらいた先達がいるからこそできる研究なのに」

「その通りだよ。彼女にはそのあたりの謙虚さが足りないんだ」

そこでだ……と、ウィルキンスはさっきよりも一層声をひそめた。

「これは、うちの研究室で撮影された、DNA結晶のX線写真だ。もちろん、持って帰らせるわけにはいかない。コピーを取るのもご法度だ。だから、しっかり頭にたたき込んでくれ」

そう言うとウィルキンスは、写真の入った封筒をワトソンに差し出した。

一瞬、うしろめたさが脳裏をよぎる。もし、このことがロザリンドにばれたら、あの女はどう私をなじるだろうか――。

だが、もう走り出した列車を止めることはできなかった。フェアプレー精神などと甘いことを言っていたら、レースに勝つことなどできはしない。

「これは誰が撮ったんだ!?」

ワトソンが目を見開き、食いつきそうな勢いで顔を寄せてきた。

「君が思っている人物だよ」

そうとだけ、ウィルキンスは答えた。ワトソンが一瞬、苦虫を噛みつぶしたように顔を歪める。だが彼の目は、獲物を見定めた猛獣のようにギラギラと光っていた。

写真に関する質問をいくつか投げかけ、穴があくほど隅々まで画像を見つめた後、「じゃあ、これで失礼するよ」と、ワトソンは二人分の飲み代をテーブルの上に置いて、小走りで去っていった。

残されたウィルキンスの心に、鉛をのみ込んだような重い不快感が残る。ただ彼は、この感情を後悔や罪悪感だと認めることは拒絶した。

――正しいことをした。自分が、科学界の時計の針を大きく進めたのだ。チャールズ・ダーウィンやヨハン・メンデルが発見し、その後の科学者たちがつないできた〝遺伝に関する知のバトン〟を自分が受け取り、ゴールに向けて加速させたんだ！

胸のうちで、自分を鼓舞する言葉を叫ぶ。バーに大音量で流れていたはずのBGMが、どこか遠くで聞こえるようだった。

ジェームズ・ワトソンとフランシス・クリックの連名で、「核酸の分子構造　デオキシリボ核酸の構造について」と題された論文が「ネイチャー」誌に掲載されたのは、それから約3ヵ月後のことである。

――あの男……ワトソンは、いつも私が撮ったDNAの写真を見たがっていた。私のオフィスに入ってきたこともあった。いや、ワトソンだけではない。ウィルキンスも、それに学科長のランドールも、私から研究をとりあげようとした。

ワトソンとクリックの論文を目にして以来、ロザリンドの心には、そんな暗い感情が日々沈殿していた。

論文が発表される1週間ほど前には、こんなこともあった。朝、バークベック校の自分のオフィスに行くと、デスクの上に、キングス・カレッジの紋章がはいった封書が置かれていた。差出人は、ランドール。宛先には、「ミス・ロザリンド・フランクリン」と丁寧な字で書かれていた。

封を開けると、キングス・カレッジの校章が透かしで入った公式の便せんに、次のように書かれている。

「親愛なるフランクリン博士。私の研究室を去る際に、あなたが今後は、DNAの研究から離れると同意したことを、覚えていらっしゃいますよね？　私の研究室で行った実験データや研究成果を、外に持ち出すことは許されません。あなた自身が研究を継続することも、控えて頂きたく思っています。またあなたが、論文の指導を理由にゴズリングと未だに会っているという話が、私の耳に入ってきました。これも、ゆゆしき問題です。あなたはすでにこの研究室とは無関係の人間であり、私やウィルキンス氏の許可もなく、研究室内の人間と情報のやり取りをするのは控えて頂きたい。そのあたり、ご理解を頂きたく思います。　　J・T・ランドール」

この手紙を読んだ時、ロザリンドの胸にこみ上げたのは怒りよりも、むしろ失望と決別の決意だった。書き方や言葉遣いこそ丁寧だが、つまりはランドールは、「お前が私の研究室でやってきたことは、すべて忘れろ。今後は同じ研究をしてはダメだし、研究室の人間と交流することも禁ずる」と言ってきたのだ。

ゴズリングに時おり会っていたのは、確かだ。論文指導の途中で大学を去ったことが心残りではあったし、罪悪感もあった。だから最初は、自分からゴズリングに連絡し、食事をしながら論文のアドバイスもした。以降は、彼から助言を求める電話が幾度かかかってきたので、その時には簡単な指導をしたり、直接会って話したこともあった。ただし、自分から誘ったり何かを聞き出したことは一度もない。それを、まるでゴズリングを利用して情報を聞き出そうとしているようにとらえるなんて、なんて卑しい人たちなんだろう！

そう思っていた直後に発表されたのが、あのワトソンとクリックの論文だ。キングス・カレッジに残してきた自分の研究成果が、勝手に利用されたことは、間違いないように思われた。

研究仲間の間で例の論文が話題に上るたびに、疑念と失望が胸を覆う。ただある頃から、「こんな卑劣な人たちとの争いに加わることは、自分自身の品格を貶めるだけだ」と考えるようにした。

幸い新天地には、尊敬できる科学者たちと、タバコモザイクウィルスという、挑戦しがいのある研究対象もあった。

新たな研究と実験に没頭し、研究プロジェクトのリーダーとしての立場も得た。ヨーロッパのみならず、アメリカの大学からも多く講演依頼を受けるようになった頃には、キングス・カレッジ時代の屈辱も、遠い過去となりつつあった。科学者としても、一人の人間としても、充実した日々が続いていた。

１９５６年の、夏までは――。

「あら?」

スカートのフックを止めようとして、きつくなったことに気づいたのは、36歳の誕生日からひと月ほど経った時のことだ。この時、ロザリンドはニューヨークにいた。講演や知り合いの研究室訪問、そして観光も兼ねた、開放感に満ちたアメリカ旅行の最中。道中を共にしたイギリス人の友人は、「アメリカの食事は脂っこいし、何より量が多いもの。太っても恥じることはないよ!」と快活に笑って、からかった。

だが、科学者の友人は、不安そうな顔をする。

「前にも、下腹部が痛いって言ってたよね? ぜんぜん太ってないのに、下腹部だけ膨れているのは、何かしらの異変の可能性が高い。そんなこと、あなたが一番分かっていると思うけれど」

友人に言われるまでもなく、ロザリンドも自身の体の異変には気づいていた。2週間ほど前には、下腹部の激痛に襲われもした。滞在中の町の病院に行ったところ、痛み止めを渡され「帰国したらすぐに病院に行くように」と言われたが、「すぐに帰国しろ」と言われなかったことを幸いに、この数週間の旅を満喫していたのだ。

ただここに来て、異変は他人の目にも明らかになってきた。帰国するとすぐに、ロザリンドは知人にすすめられた大学病院を受診した。

医師は、ロザリンドが職業欄に書いた「研究者」の文字を見て、「どんな研究をしているのですか?」と尋ねてきた。

「現在はウィルス研究です。前にいた研究室では、ＤＮＡが中心でした。結晶学をずっと学んできたので、Ｘ線回析写真が主な内容です」

その答えを聞いた医師は、「具体的には、どんな環境で研究や実験をしてきたのですか」と、極めて事務的に質問を重ねた。

「まずは結晶を作り、そこにＸ線を照射して乱反射させるのです。それを……」

ロザリンドは、実験内容を細かく説明しながら、「これはけっこう、やっかいなことになっているのかも」と予感した。

「とりあえず、入院してください」

「いつからですか？」

「明日からです」

医師の断定的な物言いを聞いて、ロザリンドは、「えっ」と声を漏らす。

「それは無理です！　途中になっている実験があるので、休むわけにはいきません。先生なら分かるでしょ？　ウィルスは一日でも放置しておいたら、状況がまったく変わってしまうことを」

「ええ。分かっていますよ。だから言っているのです。あなたも、よくご存じでしょう？　細胞は一日でも放置しておくと、状況がまったく変わってしまうことを」

頭に上っていた血が、すっと引いていくのを感じた。認めたくない最悪の予感が、はっきりとした輪郭を伴い迫ってくるようだった。

「つまり……それは……」

言いよどむロザリンドに、医師は言う。

「何かを断定するには、まだ早すぎます。確かなのは、下腹部にシコリがあるということ。少なくとも、これを摘出する手術は必要になります」

その4日後、ロザリンドは手術を受けた。下腹部にあったシコリは二つ。

「場所は卵巣の右側と左側。いずれもテニスボールほどの大きさでした」

淡々と術後の状況を説明する医師に、ロザリンドは尋ねた。

「先生、結局シコリは、なんだったのですか？　単なる嚢胞ですか、腫瘍ですか？　良性ですか、悪性ですか？　私は科学者です。自分のことも、真実を知っておきたいのです」

医師はロザリンドの目を真っすぐに見た。医師の目からは、悲哀も安堵も、同情も慰めも、なんの感情も見い出すことができなかった。

「腫瘍です。悪性です。つまりは、卵巣がんです」

医師が抑揚なく宣告するその姿を、ロザリンドは、まるで映画の一シーンのようだなと思いながら見ていた。


病院の白い天井が、この日は、やけに輝いているように見えた。

身体を刺す痛みが、今朝はない。ここ何日かは右手がしびれて動かなかったが、今日は手を顔の前にかざし、強すぎる光を遮ることもできた。

「気分はいかがですか、ボス？」

懐かしい声だった。

右手を下ろし顔を少し左に傾けると、人懐っこい丸顔がのぞき込んでいた。

「あら、来てくれたの、ありがとう……」

彼の名を言おうとしたが、咄嗟に出てこない。

思い出せないはずがない、キングス・カレッジで毎日のように、一緒にX線回折写真を撮っていたのだから……と焦るほどに、ますます記憶に霧がかかる。

「このレイモンド・ゴズリングも、ボスの指導のおかげで、西インド諸島大学で自分の研究室を持つまでになりましたよ！」

ああ、そうだった。彼の名はレイモンド・ゴズリング。さりげなく人に気を遣い、軽妙な口調で場をなごますのが得意な青年だ。

「来てくれて嬉しいわ、レイモンド。このデータの解析とグラフ作成を手伝ってほしいの」

そう、このグラフを完成させなくては……。あら、いつも手伝ってくれていたのは、レイモンドだったかしら？　でも彼なら信用できるし、いいデータ解析をしてくれるはず。……ところで、何のグラフを作ろうとしていたのだっけ、私は。

誰かがすすり泣く声が聞こえた。

ゴズリングだ。
「悔しいですよ、僕。あなたが撮った写真のお陰で、ＤＮＡの構造は判明したんです。僕のせいなんです。僕がウィルキンス博士に、あなたが撮った写真、見せちゃったんです、あの51番を。あの写真のおかげなんです、彼らがあの論文を書けたのは、ほぼ間違いなく……。ワトソンとクリック、それにウィルキンスの3人は、今やノーベル賞の最有力候補だって言われてますよ。でも、あなたは、毎日X線を浴びて写真を撮って、それで癌を患って、でも正しい評価は得られなくて……。すみません、すみません、すみません……！」

彼の言葉の最後のほうは、すすり泣きにかき消されて、よく聞き取れなかった。

なんで、彼が泣くのだろう？　なんで彼が謝るのだろう。彼は、何も悪くない。

「ねえ、レイモンド。泣かないで。私たちは、勝ったんですもの」

自分でも意外な言葉が、なんの抵抗もなく心から湧き出た。

生命は40億年もの気の遠くなる年月を経て、何世代も何世代も生命の情報をコピーしながら、進化してきた。ＤＮＡはその悠久の時を経てもついえることなく、遠い遠い過去の残響を今に届けるように、古の生命の営みを伝えてきたのだ。

その数珠つなぎの奇跡の中では、誰が最初に論文を発表するとか、誰がノーベル賞を取るかなど、なんと些細で取るに足らないことなのだろう。

私の教養は、善行をし、科学や医学を学び、先人が獲得した知の財産を次の世代へと伝えること。

この大義は貫いた。私の意志は、きっと次の世代で誰かが受け継いでくれるはず――。

１９５８年４月16日の午後、ロザリンド・フランクリンは永遠の眠りについた。

４年後の１９６２年、ジェームズ・ワトソンとフランシス・クリック、そしてモーリス・ウィルキンスの３名は、ＤＮＡの構造解析の功績により、ノーベル生理学・医学賞を共同受賞する。

最大の功労者の一人であるロザリンド・フランクリンの名は、そこにはなかった。死者には、ノーベル賞は与えられないからである。

科学の
先駆者たち

二重らせん
――二人の科学者が
紐解く生命の神秘
ワトソン&クリック

1882年、イギリス・ノーサンプトン。

そこは「池」と言うよりも「沼」の言葉がふさわしい、水と湿地と草木の世界である。

雨天の多い周囲の気象状況もあいまって、水が干上がることもない。

その地に一つ、人影がある。

湿地を進む慣れた足取りは、彼がすでに何度もこの地を訪れていることをうかがわせた。背負った布のカバンはよほど重いのか、肩に深く食い込んでいる。

足を覆うブーツは、沼地を歩くことを想定して作られたものだろうか。膝まで達するほど長く、つま先やかかと部分は、水が染み込まないよう補強されている。全体もしっかり防水仕様になっているのだろう、男が軽く足を振るだけで、靴を覆った泥水はきれいに弾かれていった。

その男は、ノーサンプトンに住む腕の良い靴職人で、同時に、大学などに所属しない市井の動物学者でもある。店を閉めた週末には、森や川に出かけては、珍しい動植物を採集して標本などを作っていた。

その日も彼は、足元に気をつけて歩きながら、周囲に目を凝らしていた。

水の中は、地上とはまるっきり別の世界だ。大地の上では強大な力を誇る動物も、水に入ればとたんに無力になる。重力や呼吸法など、地上と水中とでは常識やルールがまるで異なるのだ。

「だからこそ、人智の理解が及ばぬ秘密が、水の奥には眠っているはずだ。偉大な学者たちすらまだ見つけていないことが、きっとここにはある。それを、僕が見つけられるかもしれない」

男が抱くその情熱は、決して功名心や虚栄心から来るものではなかった。

この世界を構成する、生命の謎を解き明かしたい。命の神秘の根源に少しでも近づきたい。

「我々はどこから来て、なぜこの地に留まり、そして、どこへ行くのか——？」

それは極めて純粋で、普遍的な探究心であった。

彼がこの池を頻繁に訪れるようになったのは、ここがまさに、命の循環の縮図のような場所だからだ。池には魚が泳ぎ、湿地にはカエルや虫もいる。湿地に潜む貝を狙って、鳥もたくさん訪れた。湿地と大地の際には高草や低木が茂り、それらの草木が作る影は、小動物にとって格好の住処となる。行動力と向学心旺盛なアマチュア動物学者にとっては、これ以上にない野外研究室だった。

フィールドワークに出かけるたび、彼は〝採集マップ〟を作っていた。地図に、訪れた日とその日の天候、時刻、そしてどこで何を見つけたかを書き記していく。

ただそのマップを目にしなくても、すでに頭に必要な情報は入っていた。さらにはフィールドワークを重ねるうちに、〝勘〟もはたらくようになる。珍しい動植物がいそうな場所は、なんとなくわかるようになってくるのだ。

この時も、彼の勘が反応した。池の端は、水の世界と地上の世界が交わる〝境界〟であり、そこでは不思議な何かが起こる。二つの常識やルールが溶けあい相殺する一瞬に、奇跡が生まれる。

この時、彼が目にしたのは、水から岸に這い上がろうとする、一匹の甲虫だった。ただこの甲虫の脚の動きは不器用で、岸に上がるにも一苦労といった様子である。

「どうしたんだ。ん？　何か脚に絡まっているようだな？」

そう思いながら目を凝らした時、彼ははっとした。甲虫の左後ろ脚に何かが張り付いているのが見えたからだ。甲虫の動きを邪魔していたのは、二枚貝だった。しかも見たところ、その貝はまだ生きている。

「よほど、この虫の脚が居心地いいのかな？」

どこか微笑ましい気持ちでその貝を見つめる彼の目の前で、甲虫の硬い羽根がくす玉のように開き、下から薄い羽根が伸びてきた。

「おいおい、このまま飛んじゃうのか!?」

彼はとっさに手を伸ばし、飛ぼうとする甲虫を捕まえていた。

手を開き、甲虫の脚にまだ貝がついていることを確認する。彼は右手で虫を柔らかくつかんだまま、左手で器用にカバンから採集用の瓶を取り出し、池の水をすくうと、虫と貝の奇妙なコンビを中に入れて蓋を閉めた。

家に帰ると、最近歩けるようになった二人目の息子が、彼を出迎えてくれた。

カバンに手を伸ばす息子をひょいと抱え、「ここに何か入っていると見抜くとは、なかなか筋がいいな！」と笑う。

「今日は何か収穫があったの？」

問いかけてくる妻に、「うん、なかなか面白いものがあったよ」と答えて、彼はカバンから瓶を取り出し机に置いた。

「虫？」

やや拍子抜けしたようにつぶやく妻に、「脚を見てやってくれよ」とうながす。

「あら？」と声を上げた妻は、「まるでこの子みたい」と息子の頭をなでながら笑った。

「買い物とかに一緒に行くとね、この子、歩くのが面倒になると、私の足にしがみつくのよ。私も両手に買い物袋を抱えていると、抱っこできないでしょ。だからそのまま、市場から家までこの子を足に引っ付けたまま帰ってくるのよ」

カラカラと笑う妻の声につられて、彼も声を上げて笑った。

だが次の瞬間、はっとする。

「あの時、この虫は飛ぼうとしていた。もし振り落とされなかったら、貝は虫に連れられて、別の池や沼に移動したかもしれない」

そう思った時、頭に稲妻が走るような衝撃に襲われた。

「チャールズ・ダーウィン先生は、『進化論』にはまだ〝穴〟があると論文に書かれていた……」

チャールズ・ダーウィンは、自然選択説によって、進化論を新しいステージに引き上げた著名な学者である。そのダーウィンが自ら指摘した〝穴〟とは、次のようなものだ。

ダーウィンは、「地球のすべての生き物の〝種〟は、極めて原始的な生物から進化して、現在の形にたどり着いた」という説を支持した。そうして進化の末に到達した生命が代を重ねて世界中に広がり、生存競争を勝ち抜いて現在に至ったと説いている。つまり、世界中に存在するすべての種は同じ個体群を先祖に持ち、その一つの個体群の子孫たちが、大地や水を伝って世界中に広がって、現在の状態に落ち着いたというのだ。

だがこの理論で大きな問題となるのが、「池や沼、川などに生息する淡水動物は、どのようにして世界中に広がったのか?」という問題である。淡水で生きる魚や貝などの生物の多くは、遠い土地への移動手段を持たない。それが、進化論の〝穴〟だった。

だからダーウィンにとっては、独立した池や沼にすむ生命がどうやって別の地域に移動したかという問題は、どうしても解かねばならない命題なのだ。そうでなければ、「生物は神によって創られ、最初から沼や池に置かれた」という従来の説を完全に否定することができないからである。

この甲虫と二枚貝こそ、その答えなのでは……と、彼は思った。

「この二枚貝のように甲虫などを利用すれば、池にすむ生物だって、遠くに移動できるんじゃないのか!?」

興奮をおさえきれず、自分のこの発見を、今すぐにでもダーウィンに伝えたいという思いがわき上がる。

だが次の瞬間、彼は思い直した。

「僕のような素人研究者が、ダーウィン先生に手紙を書いたりしたところで、とりあってもらえるだろうか？　ばからしいと一笑に付されるだけかもしれない」

それでも最後は「いや、笑われたら笑われるまで。この甲虫と貝のコンビを見せるとしたら、生きていないと意味がない。急がなくては」という思いが勝った。

彼は靴を作る作業場に行くと、手早く革でケースを作り、瓶を丁寧に中に入れてから、心を落ち着かせて手紙を書いた。

「尊敬する、チャールズ・ダーウィン先生。

突然のお便りで、失礼いたします。わたしはノーサンプトンに住むワルター・クリックと申します。本職は靴職人ですが、趣味で軟体動物の研究をしており、先生の著書『種の起源』の愛読者でもあります」

彼……ワルター・クリックは、この時は夢にも思わなかった。

そのわずか一週間後には、かのダーウィンから感謝の手紙が届き、多くの質問もされることを。

そして二人がやりとりした書簡をもとに、なんと数ヵ月後には、権威ある科学雑誌「ネイチャー」に、ダーウィンと連名で論文が掲載されることを――。

「とにかく、その時の父さんの喜び方はすごかったよ。当時の僕は、『ネイチャー』が何かもちろん知らないし、ダーウィン先生っていうのが、どれほど偉大な方かもわかるはずがなかった。それでも父さんは、『ネイチャーに論文が掲載されたんだ！　ダーウィン先生の横に書いてあるのが、父さんの名前だぞ！』って、僕に何度も言ってね。早く死んでしまったけれど、体が弱ってからも、フィールドワークはずっとやっていたな、父さんは」

フランシス・クリックは、自分が生まれるより早く亡くなってしまった祖父の話を、父のハリーから聞くのが好きだった。

ハリーは、父のワルターから靴職人としての才能を受け継ぎ、兄弟とともに工房を立ち上げ、成功を収めている。特に、ハリーが作るブーツは履き心地がよく、水にも強いと評判だった。

そのハリーの息子……ワルターの孫であるフランシスは、靴よりも本が好きで、特に動植物の図鑑を食い入るように読んでいた。

そんな我が子を見て父は、「カクセイイデンだな」とよく言った。

それが「隔世遺伝」のことで、つまりは、祖父の自然科学者としての才覚を自分が引き継いだという意味であると知ったのは、学校で「メンデルの法則」を習った時だった。

多くの子どもたちにとって、日曜日は嬉しい日だ。学校が休みなので、朝はいつもより遅くまで寝ていられる。もちろん、遊びにだって行ける。だから日曜日が近づくと、学校の友だちもウキウキし始めていた。

だがフランシスは、日曜日が近づくと、気が重くなってくる。

教会に行かなくてはいけないからだ。

今よりもっと幼い頃……5歳くらいの時は、教会に行くのも楽しかった。普段は忙しい父親と一緒に出かけられるのも嬉しかったし、教会ではクッキーやキャンディをもらえることもあった。

聖書の物語も、やや言葉が難しかったが、楽しくてワクワクしながら聞いていた。

世界中の大地をのみ込む大洪水が起きたこと。すべての生物が死に絶えそうになったが、選ばれた動物たちが大きな船に乗って、生き延びたこと。人間がどうやって生まれたか、世界がどのような姿なのかも、フランシスのイマジネーションを刺激した。

だが学校に通い、図書館で本を読み漁り、さらには父親の部屋に保管されている、祖父ワルターが残した標本やフィールドワークノートを見るにつれ、フランシスは沸き起こる疑問をおさえることができなくなっていた。

今この地上に存在する動物は、ノアの箱舟によって救われたから生存したのではない。原始的な生命から進化し、環境に適応しながら、今の姿になったのだ。それは人間ですら、例外ではない。

「その理論が正しいことを証明したのは、ぼくのおじいさんが見つけた虫と貝だったんだ」

その事実にフランシスは興奮し、会ったことのない祖父は彼のヒーローになった。いつか自分も祖父のように、「ネイチャー」に論文を載せたい。フランシス少年は、そんな夢を抱くようになった。

もちろん当時の彼は、「ネイチャー」がどのような雑誌で、それに論文が載ることが何を意味するかは、よく分かっていなかった。それでも、それが科学者にとって名誉であることは理解できた。

それなのに教会では、人間は、神様が自分の姿に似せて創ったのだと教えられる。化石は、ノアの箱舟に乗れずに滅びた動物たちだと神父さんたちは言う。

「ねー、おとうさん、違うよね？　人間は、おサルさんから進化したんだよね」

一度、教会で父親にそう尋ねたら、周りの大人たちが一斉に振り返った。ある人は怖い表情で、ある人は憐れむような微かな笑顔で。

父親は困ったような顔をし、「それは後で話そう」と優しく言う。母親は口に人差し指を当てて、「しっ！　話しちゃダメ！」と厳しい口調でささやいた。

どうしてそんなことになるのか、なぜ自分が悲しい思いをしなくてはいけないのか、フランシスにはさっぱりわからない。ただ自分の発言が、この場に集まる大人たちにとって不都合であること、そして親を困惑させたことだけは、よくわかった。

それからは、日曜日が来ると「頭が痛い」「お腹が痛い」と言い訳し、可能な限り教会に行かないようにしていた。そのうち日曜日が近づくと、本当にお腹が痛み始める。だから、日曜日がますます嫌いになっていった。

そんなフランシスにとっての救世主は、叔父だった。

尊敬する祖父と同じ名前の〝ワルターおじさん〟は、科学に深い関心がある点も祖父と同じだったようだ。

近所に住むワルターおじさんの家の裏庭には、小さな小屋があった。その小屋でおじさんは、不思議で楽しいことを、たくさんフランシスに教えてくれたのだ。

溶かしたガラスに息を吹き込むと、シャボン玉のように丸く膨らむこと。カメラで撮ったフィルムを暗室で現像し、印画紙に投影すると画像が焼き付けられること。水が、酸素と水素に分解できること。顕微鏡で植物を見ると、平面だと思っていた部分が実は凹凸に覆われていること。

フランシスは、教会に行く時間があるのなら、ワルターおじさんの小屋に行って、もっと実験をしたかった。

勇気を出し、一つの決断を下したのは、彼が12歳になる年のことである。

この年は、多くの自然災害がイギリスを襲った。

年始に大雨が降り、ロンドン市内のテムズ川が氾濫したため、多くの人たちが命を失った。その一ヵ月後にはイギリス全土で大きなひょうが降り、直撃を受けた10人以上もの人が亡くなった。

それらの災害で命は奪われずとも、家が壊され、畑が壊滅的なダメージを受け、住む場所や食べる物を失った人の数は計り知れない。

教会では連日、町の人々が祈りを捧げていた。これは天罰だ、人間が信仰心を失いつつあるためだと言い、皆が目を閉じ、手を握り、神に救いを求めていた。

母親も、祈っていた。父親は仕事に精を出した。

そしてフランシスは、母親の目を盗んで、おじさんの家に行った。

ワルターおじさんは、庭で見つけた大きなひょうを、フランシスの目の前で割って見せてくれた。

その断面は、バラの花のように、複数の氷の層が折り重なっている。

「これを見て、どう思う？」

おじさんが、フランシスに尋ねる。

「小さな氷ができた後に表面が溶けて、また冷やされたから周りの水蒸気も含めて凍って……をくりかえしたのかな？」

「フランシスは、本当にかしこいな！　その通りだよ。ひょうはな、氷の粒が激しい上昇気流で上に吹き上げられ、凍って降ってくる途中でまた吹き上げられて……それを繰り返して大きくなった、氷の塊なんだ」

おじさんの説明を聞き、そして、バラの花弁のように美しいひょうが目の前で徐々に溶けていくのを見ながら、パズルが次々に解けていくように、頭の中がクリアになるのをフランシスは感じていた。

「教会に行って、信じてもいないことを聞かされたり、まちがっているとわかっていることを言うのは、もうたくさんだ。ぼくは科学者になるんだ」

そう決意したのは、洪水やひょうの騒ぎが落ち着きつつある、ある日曜日の朝だった。

「教会には行かないよ」

フランシスがそう言うと、母親は、「またお腹が痛いの？」と心配したように言う。

「ちがう。お腹が痛いんじゃない。ぼくは科学者になる。勉強や実験をしたい。だからもう教会には行かない」

怒られることは、覚悟していた。ダメだと言われた時、どうやって説得するかも考えていた。

だが母親の反応は、フランシスが予測していたものとは違った。

「そうね。自分のしたいことは、自分で考えて決めたらいいわ。お母さんは、これからも教会に通うし、あなたにも信仰心は失ってほしくないと思っている。でも一番大切なのは、自分が正しいと思うことを、ちゃんとやり通すことよ。あなたは、私とお父さんの子だもの。自分にとって大切なことは、自分で選び取れるでしょ」

その言葉を聞いたフランシスは、最初は驚いたが、すぐに納得が胸を占めた。

「お母さんは、ちゃんとぼくを認めてくれた。やっぱりぼくは、お母さんにも似てるんだな」

両親から受け継いだ意志の力を、フランシスは感じていた。

このようにフランシスが、教会と決別して世の中の仕組みを〝科学〟で理解しようと決意したその頃――。イギリスから大西洋を隔てたアメリカ大陸で、一人の人物が産声を上げた。後に、フランシスと共同研究をすることになる人物である。

「ガラパゴス諸島かぁ。行ってみたいなー。そんなに遠くないように見えるけどな」

おでこが付きそうなほどに夢中で読んでいた本から顔を上げ、壁に貼っている世界地図を見ながら、ジェームズ・ワトソンは、つぶやいた。

彼が読んでいたのは、子ども向けの『種の起源』。かのチャールズ・ダーウィンが書いた名著を分かりやすい言葉で書き下し、絵もたくさん入ったものだ。

ジェームズはすでに何度もこの本を読んでいた。ビーグル号が嵐に襲われる場面は、読むたびにはらはらする。アメリカ大陸東海岸の「怪物の墓場」で、ダーウィンが巨大生物の化石をつぎつぎ掘りあてる話も大好きだ。

ただジェームズのお気に入りは、なんといっても、ガラパゴス諸島での物語である。

フィンチと呼ばれる鳥のイラストが、たくさん載っているのがいい。バードウォッチングが趣味の父親の影響もあり、ジェームズは鳥を見るのが好きなのだ。そのフィンチのくちばしの形が、生息環境や食べ物によって違うことにダーウィンが気付くくだりは、何度読んでも感動してしまう。さらにそこから進化論の着想に至る展開は、どんな勧善懲悪物語よりもカタルシスを得られた。

「ぼくも絶対に、将来は学者になるんだ。鳥の研究をして、生命の不思議を科学で解き明かすんだ!」

同世代の友人の多くが、プロ野球選手やスター歌手に憧れる頃、ジェームズのヒーローはダーウィンであり、自分も彼と同じ科学者になることを夢見ていた。

そんなジェームズにとっての憂鬱は、日曜日の訪れである。土曜日の夜から、それは始まった。

「早く寝なさい、ジェームズ。教会のミサに遅れる訳にはいかないんだからね」

母親にそう言われるのが、ジェームズは嫌だった。

教会でのお祈りや、神父さんによる聖書の話は退屈だが、絶対に耐えられないというほどではない。つまらない話を聞かなくてはいけないのは、学校の授業も同じだ。ジェームズは、それら関心のない話に耳を傾けるふりをし、なおかつ要領よく大切なポイントを押さえるのが得意だった。

嫌なのは、学校のない日曜日に、早く起きなくてはいけないことである。土曜日の夜は、夜更かしして星を見ていたかった。コウモリや昆虫など、夜行性の生き物の観察にも行きたい。

ただ、「日曜日は寝坊したい」という理由では、母親が納得してくれないことも、ジェームズはよくわかっていた。

ジェームズが生まれたのは、アメリカ北東部の大都市シカゴ。だが、その祖先をたどるとイギリスにたどり着く。ジェームズの父方の祖父は、スコットランド人。またジェームズの母親は、スコットランドとアイルランドの血を引き、祖父の代にアメリカにわたった家系だ。そして、アイルランド系移民の多くは、敬虔なカトリックである。もちろんジェームズの母親も、例外ではなかった。子どもの頃から現在に至るまで、毎週の教会通いは欠かさず、それが当然として育った人である。そんな母親が、ジェームズの〝教会ボイコット〟を、簡単に認めてくれるとは思えなかった。

そこでジェームズは、一計を案じる。まず味方につけるべきは父親だ。

「お父さん、相談があるんだ」

11歳の頃、ジェームズは深刻な声を作って、父親に話しかけた。

「ぼくがダーウィンの本が大好きなことは、お父さんも知ってるでしょ？　ぼくはダーウィンが言っていることが正しいと思っているんだ。でも教会で聞く神父さんの話は、ダーウィンが言ったこととぜんぜん違うよね？　ねえ、お父さん。ダーウィンはまちがったことを言ってるの？　ぼく、将来は学者になりたいのに、混乱してきちゃったよ！」

ここで、ちょっぴりうつむき、涙ぐむ。

その成果を確認すべく、そっと上目遣いで父親をのぞき見ると……見えたのは、困惑と同情が入り混じった、なんとも優しい父の顔。「よしよし……」とひそかに思っていると、突如、父親の大きな手が伸びてきて、ジェームズの両肩をつかんだ。

「ジェームズ、よく聞くんだ。ダーウィンは、間違ったことなんて言ってない」

柔らかく、なおかつ力強い声である。

「お父さんも、子どもの頃はお前と同じように、教会で聞く説話に混乱したことがある。お前も鳥や動物が好きだし、科学が好きなんだろ？　だったら夢を追うんだ。勉強をがんばるんだぞ！」

その週末の土曜日――。いつもなら寝る時間になっても、母親が「もう寝なさい」と言ってくることはなかった。

星を見るため庭への扉を開けようとすると、父親がこちらに笑顔を向け、ぐっと親指を立てる。

「作戦、成功！」

ジェームズは胸の内で喜びの声を上げながら、親指を立てるポーズを父親に返した。

ジェームズが庭に出たのと同じ頃、室内のテレビがニュース番組に切り替わった。

「ドイツ軍がポーランドに侵攻。イギリスとフランスは、ドイツに対し宣戦布告しました」

テレビの中のアナウンサーが、深刻な声で告げていた。

１９４０年夏、ロンドン――。

研究室のガラスがビリビリと音を立て、ドンッ、という低い爆音とともに地面が揺れた時、フランシスは「これで俺は死ぬのか!?」と思った。

揺れが収まり、死への恐怖が沈殿するように静まると、止まっていた思考が活動を再開し、周囲の人々の声が耳に飛び込んでくる。

「ケガをした人はいないか？」

「うちの研究室は大丈夫みたい」

「割れたガラスが床に落ちているから、気をつけて」

それらの声を聞きながら、「爆弾が落ちたのは、少し離れたところだったのか」と安堵する。だが次の瞬間、心臓がギュッと縮み上がる思いがした。

「実験エリアが破壊されたぞ！」

まさか……と思い外に出ると、霧がかかったように視界が悪い。それが霧ではなく粉塵だと分かったのは、徐々に晴れてきた視界の向こうに、半壊した実験棟が見えたからだ。

「そんな……」

現実感のない景色に、呆然とする。

毎日のように足を運ぶ見慣れた建物が、見るも無残に形を変えていた。粉塵に交じり飛び散る紙が、ひらひらと足元に落ちてきた。拾い上げてみると、それは、毎日コツコツと実験を重ね、得られたデータを書き込んだ記録だった。

もう、研究どころではない――。

その現実が、目の前に突き付けられた。


12歳の時に教会に通うのをやめたフランシスは、勉強と科学の実験に一層打ち込み、高校には奨学生として進学した。高校でも、数学、化学、それに物理の成績は常にトップクラス。科学の賞を総なめにして、周囲から一目置かれる存在となった。

大学は、名門のユニバーシティ・カレッジ・ロンドンに入学。そこでも当然のように科学の道に進み、21歳で物理の学位を得た。この当時、フランシスが夢中になったのは、世の中の仕組みを数学的に理解する、物理学だった。同時に、生命や脳が生み出す〝意識〟の存在にも、大きな関心を抱いていた。

1938年には大学院に進み、「高温時の水の粘度をはかる」という研究課題に取り組み始める。

「ドイツ軍がポーランドに侵攻。イギリスとフランスは、ドイツに対し宣戦布告しました」

研究室のラジオから流れるその声に、びくりと体を震わせたのは、大学院に進んだ翌年のことである。実験室に居合わせた誰もが、言葉なく互いの顔を見合わせた。

「いつまで大学で、こうして研究を進められるんだろう？」

そんな不安と緊張感が、全員の顔に張り付いていた。


それから、１年後――。

ポーランドで上がった戦いの火の手はイギリスにもおよび、ついにはドイツ軍による空爆が、ロンドンの町を襲った。戦争とは無関係な人々が住む民家も、商店街も、そして大学にも、爆弾が落とされる。フランシスが籍を置く大学も、例外ではなかった。

「もし爆撃を受けた時、実験室にいたら命を落としていたかもしれない……」

これまで遠い存在だと思っていた〝死〟が、確かな輪郭と質感をともない胸に迫ってきた。

翌年、大学の教授が、険しい顔をしてフランシスに一枚の封筒を手渡した。

「研究室に届いた。君宛てだよ」

封書には、イギリス王家の紋章が描かれている。

封を開けずとも、手紙の内容は想像がつく。すでに大学の友人の何人かは、同じ封筒を受け取っていたからだ。

下宿先に戻り、ペーパーナイフを使って、丁寧に封を切った。

入っていたのは、二つ折りになった便箋一枚。

「貴殿を、英国海軍機雷研究所の研究員に任命する。ついては、●月△日に同研究所に赴くように」

書かれていたのは、簡潔な一文のみだった。

「何が研究したいのか、本当にやりたいことは何なのか……そんなことは、しばらく考えないようにしよう。戦争が終わるまでは、与えられた任務をこなすことに徹しよう」

そうでなければ、純粋な向学心や探求心までもが、戦火に焼き尽くされてしまう――。

何年後かに訪れるだろう、自由に研究ができる日に想いを馳せながら、フランシスは新たな勤務先で働く準備を淡々と進めた。

「遺伝子……これこそ、ぼくが打ち込むべき研究だ！」

開いた本にうずめていた顔を上げ、ジェームズは思わず声に出していた。

時は1945年末、日本がポツダム宣言を受諾し、6年間続いた第二次世界大戦が終戦を迎えてから、数ヵ月が経った頃。

大学生となったジェームズ・ワトソンは、自身の研究テーマを遺伝子に定めたのだった。

ヨーロッパでは、多くの科学者たちの運命が戦争によって翻弄されたが、アメリカにおける影響はそこまで甚大ではなかった。

教会通いを免除され、ますます勉強に打ち込んだジェームズは、飛び級を重ね、15歳で名門シカゴ大学に入学した。

大学で専攻したのは、動物学。相変わらずバードウォッチングが大好きだったので、入学当初は「鳥類学で博士号を取りたい」と思っていた。

そんな彼に転機が訪れたのは、18歳の日。エルヴィン・シュレーディンガーという高名な物理学者の著書、『生命とは何か?』を読んだ時である。その本でシュレーディンガーは、「生命の本質とは遺伝子に書かれた情報だ」と説いていた。遺伝子とは、生命の〝設計図〟であり〝プログラム〟である。その遺伝子が複製され、次の世代に受け継がれることにより、親の容姿や特性はその子に受け継がれる。こうして生命は、約40億年もの歳月をかけて親から子へとさまざまな情報を伝えながら、地球上に繁殖してきたというのだ。

その本を読んだとたん、ダーウィンをヒーローと仰ぐ青年の心に、次から次へと新たな疑問が沸き起こった。

――ダーウィンは「生命は進化してきた」と言うが、その進化に遺伝子はどう関係しているのだろう? それに、情報がデジタルのように書かれているとは、一体どういうことだ? その情報は、実際にはどうやってコピーされていくのか?

それらの問いに答えを出すことが、自分が本当にやりたいことだと、ジェームズは直感した。

ジェームズは、自分の直感に自信を持っていた。子どもの頃から、味方になりそうな人をかぎ分けたり、行くべき場所を見抜くのが得意だったのだ。それは正確には〝勘〟というよりも、観察と分析にもとづく鋭い洞察力である。

戦争が終わったばかりのこの時代、人々は争いに疲れ、研究者たちは科学の力が争いに用いられたことを嘆いた。平和が求められ、命の尊さが叫ばれる気運の中、科学の世界も、生命の神秘を解き明かす方向に向かうことは、なんとなく予測がつく。

「遺伝子の解明には、きっと大きな研究費が充てられ、多くの研究者が集まってくるだろう。いち早く研究を始めて、リードすることが大切だ」

そんな計算が無かった訳ではない。ただ何より大きいのは、子どもの頃から憧れたダーウィンが残した謎を、自分が解き明かせるかもしれないということだ。時代を超え、偉大な先輩の意志を引き継ぎ今に残す行為は、それ自体が遺伝子のはたらきにも似ている。

こうしてジェームズは、生物学の道を歩み始めた。大学院では分子生物学を専攻し、22歳の若さで博士号を取得。さらにはデンマークの大学に行き、今度は生化学を学び始めた。

ただ彼が一番行きたかったのは、イギリスの大学だ。イギリスは、アイザック・ニュートンをはじめとする、多くの優れた科学者を輩出した地。何より、あのダーウィンが生まれた国である。

そのイギリスに行くチャンスを得たのが、イタリアで行われた学会でのことだった。

ジェームズが強く引き付けられたのは、モーリス・ウィルキンスという研究者による、遺伝子に関する発表である。

ウィルキンスは、「遺伝子とは、デオキシリボ核酸（deoxyribonucleic acid）である」との仮説を唱えた。デオキシリボ核酸とは、細胞の中にある分子の一つで、頭文字を取って〝ＤＮＡ〟と広く呼ばれていた。

「こちらをご覧ください」

ウィルキンスは、プロジェクターに一枚の写真を映し出した。

黒のバックグラウンドに、白い光のシミのようなものが浮かんでいる。

「これが我々の研究室で撮影に成功した、ＤＮＡのＸ線写真です。まだ鮮明な画像とは言えませんが、これからさらに精度を上げていけるでしょう。より鮮明なＸ線写真があれば、ＤＮＡの構造を解明できます。それができれば、遺伝のからくりを解き明かすことができると確信しています」

ウィルキンスが熱っぽく語る言葉を聞きながら、ジェームズの勘は、彼にこう告げていた。

「このウィルキンスという学者たちはいずれ、ＤＮＡの謎を解明するだろう。そしてその解明は、おそらくは世紀の大発見になる。急がないと。この〝遺伝子の謎発見レース〟は、二番手では何の意味もないんだ」

そしてもう一つ、プロジェクターに映る写真を見た時、彼にはピンとくるものがあった。

それが「ＤＮＡは立体構造だ」という仮説だ。

「ＤＮＡは、単なるヒモや線ではない。立体パズルのように、いくつかのパーツから成り立っているんだ、きっと」

そのＤＮＡの構造の謎を、自分なら解き明かせるはずという直感と手応え。そして「急がなくてはレースの１番を逃す」という焦りが、彼を遺伝子研究の最前線へと駆り立てた。

その最前線こそ、イギリスのケンブリッジ大学だった。

ダーウィンに憧れたかつての少年は、こうして、ダーウィンの母校であるケンブリッジ大学の研究室へと向かった。彼はまだ、23歳の野心あふれる若者であった。


第二次世界大戦の終戦を聞いた時、フランシスは、涙を流した。

イギリス国内に限っていえば、ドイツ軍による空爆は１９４１年半ばに収まり、そこからは徐々に日常が戻り始めていた。

だが終戦の日までフランシスは、軍事に関する研究を強いられてきた。

その間、彼が最も心を痛めたのは、アメリカで開発が進められていた原子爆弾が完成し、実際に投下されたことである。

「恐れていたことが、現実になってしまった」

無力感とむなしさが、胸を埋め尽くす。

原子爆弾の開発には、ロバート・オッペンハイマーを筆頭に、多くの優秀な物理学者たちが関わっていた。

「世界の人々を苦しめ、僕の身近な人たちの命をも奪った戦争に、優秀な物理学者が加担してしまった。そして世界を破壊する力を、ついには生み出してしまった……」

その事実はフランシスに、「自分のやっていることは正しいのか？」という問いを突き付けた。

だからこそ、終戦の報を聞いた時、彼は「暴力に加担するのは、まっぴらだ」と思った。フランシスには、真に打ち込みたい命題がある。それは少年時代から抱いていた、「生命の謎を解き明かす」ことだ。

終戦の2年後、フランシスは本格的に、生物学へと転向した。

もちろん、未知の世界に飛び込むことは簡単ではない。ただ同時に彼は、物理学者としての自分の経歴が、大きな武器になりそうだとも感じていた。

「別の学問から来たためか、自分は他の生物学者よりも大胆な発想ができるようだ」

そんな予感の正しさを確信したのは、周囲が「ＤＮＡが遺伝子の正体だ」と騒ぎ始めた頃。そして誰もが、ＤＮＡの構造解析に必死になり始めたあたりからだ。

「ＤＮＡがどのような姿なのか判明すれば、〝命〟の定義ができるかもしれない」

それはフランシスが、何より知りたかった真理だ。動物の身体も岩や水も、分子レベルにまで分析すれば同じになる。なのに〝組み立て方〟が違うために、あるものは生命に、あるものは金属や石になるのだ。

「その〝組み立て方〟の設計図こそが、ＤＮＡだ。ＤＮＡの正体を知ることは、生命とは何か、意識とは何か……つまりは『我々はどこから来て、なぜここにいて、そして、どこへ行くのか？』という究極の命題を解き明かすことにつながるはずだ！」

そう思いながら研究を進めていたフランシスに、「うちに来ないか？」と声が掛かった。彼を招いたのは、ケンブリッジ大学のキャベンディッシュ研究所。世界最先端の、ＤＮＡ研究所だ。

キャベンディッシュ研究所に移ってからのフランシスは、タンパク質のＸ線結晶写真の解析に取り組み始めた。結晶化させた分子の写真をＸ線で撮影する手法は、生物学の世界で主流になりつつある。そして、そのＸ線写真に写ったものを正しく理解するには、優れた物理の知識や数学の才能が必要となった。

生物学の研究は、楽しかった。探究心や向学心と同時に、「自分のやっていることは、人々の役に立っている。社会がよくなる手助けができる」との正義感も満たされたからだ。自分と同じような志を持った人たちと協力し研究に打ち込める環境という意味でも、この研究室は申し分ない。

だからこそ〝彼〟が訪れた時、フランシスは、少し胸騒ぎがした。

「ジェームズ・ワトソン、23歳です。シカゴ大学で、生物学を研究してきました。最も興味があるのは、ＤＮＡの構造解析です。今、世界の科学界で最もホットなトピックは、ＤＮＡです。ＤＮＡが遺伝子だと証明できれば、ノーベル賞は確実でしょう！　そしてＤＮＡの研究では、この研究室が世界のトップだと聞きました。その研究室で、優秀な皆さんと一緒に真実の究明に取り組めるのは、本当に光栄です」

饒舌に語るこの男の言葉の端々に、野心や功名心の匂いを感じた。フランシスにとってそれらは、研究や科学の本質とは相容れないものだ。

ただ同時にフランシスは、「革新的な発見をするためには、このようなタイプの科学者も必要だろうな」とも感じていた。

物理学から生物学に転向して間もないイギリス人と、天才的なひらめきを持つアメリカ人の、二人の生物学者——生まれ育った地も科学者としての経歴も異なる彼らの人生は、1951年、こうしてロンドンで交差したのである。

「へぇ、君も11歳の時に教会に行くのをやめたんだ。ぼくが教会に行くのをやめたのも、そのくらいの頃だったな」

二人の会話が噛み合い始めたきっかけは、そんな一言だった。

研究室にやってきて早々、「ぼく、イギリスに行ったら、パブでビールを飲みながらフィッシュ＆チップスを食べるっていうのをやってみたかったんだ」と女学生を飲みに誘うアメリカ人を、フランシスは「苦手なタイプだな」と感じた。

いつの間にか自分の隣にやってきて、「君はどういう研究をしているの?」「これ、たんぱく質のX線写真?」とあれこれ聞かれるのも、若干、うっとうしいなとも思った。

お世話好きな研究室の職員が、「うちの大学のキングス・カレッジにあるチャペルは必見だから!」とジェームズに勧めたのは、そんな折。

「へー、そうなんですか! そりゃ、絶対に行かなくちゃ」

楽しそうに話を合わせていたジェームズだが、職員が去ると、「ぼく、11歳を最後に教会には行ってないんだよね」とフランシスに耳打ちした。

「そうなの？　僕もそのくらいの頃だったな」

フランシスがそんな同意の言葉を返すと、ジェームズは目を丸くした。

「へー、やっぱり、日曜日に早起きするのが嫌だったから？」

「別に早起きはかまわなかったけど……現存する生物はノアの箱舟に救われたとか、人間は神様の写し姿だとか、そういう非科学的な話を聞くのが嫌になってきたんだ」

「たしかに、あの話は退屈だったな。ぼくはバードウォッチングが好きだったから、日曜日の朝は鳥を見に行きたかったんだよね。あとは土曜日の夜に、星や夜行性の動物の観察もしたかったし」

「その気持ちは、すごくわかる。僕も、日曜日は叔父さんのところに行って、科学の実験をやりたかったんだ」

そんな会話を交わしているうちに、普段はあまり触れることのない自分の家族のことなども、フランシスは話し始めていた。

「僕の父親も叔父も、そして僕が生まれる前に亡くなった祖父も靴職人だった。その祖父はアマチュアの生物学者でもあって、『ネイチャー』に論文が載ったこともあるんだ」

「へー、すごいね」

そう相槌を打ったジェームズの顔色が、次の瞬間にさっと変わる。

「君の名字って、クリックだよね？　おじいさんの名前は？」

「ワルター・クリックだけど」

「ええっ!?　ダーウィンが書いた、『淡水にすむ種の拡散方法に関する論文』の、共著者のワルター・クリック!?」

「ああ、そうだよ。よく知っているね」

「そりゃ知ってるよ！　ぼくにとって、ダーウィンはヒーローなんだ！」

もっとおじいさんの話を聞かせてよ――そうせがむジェームズと一緒に、フランシスは食事に行き、そして互いの研究や、これからの研究計画についても熱く議論を交わしていった。

ジェームズがテーブルに身を乗り出し、少し声をひそめ、フランシスに顔を近づけて言う。

「ウィルキンスっていう研究者が撮ったＤＮＡのＸ線写真を見た時、ＤＮＡは立体構造だと思ったんだ。そのことは多くの学者が気付いていると思う。問題は、アプローチ法なんだよ。みんな数式を用いて、机上でこの謎を解こうとしている。でも、Ｘ線写真をもとにＤＮＡの模型を作ったら、早く正解にたどり着けると思わないか？」

この当時、ＤＮＡがらせん状の構造であることは、多くの研究結果からほぼ確実視されていた。問題は、複数の原子がどのようにつながり、どうやって遺伝情報を複製していくのかという構造の解析である。それまで多くの科学者たちは、Ｘ線写真の解析や実験データを積み上げながら、答えにたどり着こうとしていた。だがジェームズは、ＤＮＡが立体構造ならば、パズルのように原子のパーツを組み立て、ＤＮＡの模型を作ればよいと言うのだ。

その言葉を聞いたフランシスは、「同じことを考えていた人間がいたのか！」と驚き、嬉しくも思った。

「実は僕も、その手法を試してみたいと思っていたんだ。早速、明日からやってみよう」

こうして二人は、今後の研究方針について早くも合意に達する。

初めて顔を合わせてから、わずか半日ほどの出来事だった。


「ふっ」

その女性がこぼした失笑、そして見下したような目線を、ジェームズは見逃さなかった。見逃さなかったどころか、かんに障ってしかたなかった。

彼女の視線の先にあったのは、自分たちが作ったＤＮＡの模型だったからだ。

「失礼だな、君は！　何がおかしいんだ！」

思わず叫びに近い声を上げていた。自分の背に向けられた声に、その女性は驚いたように振り返る。そうしてジェームズを一瞥すると、「これ、あなたが作ったの？」と聞いてきた。軽くウェーブの掛かった黒い髪に、黒い瞳。一見して、「ユダヤ人だな」とジェームズは思った。

――お高くとまった感じの女だな……。

胸の内でそう吐き出すと、なるべくネガティブな感情を抑えながら、「ああ、そうさ。ぼくと、相棒のクリックで作ったんだ」と答え、近くにいたフランシスに視線を送る。

ジェームズとフランシスが出会った数ヵ月後。ロンドンで行われた研究発表会で、二人はＤＮＡの模型を展示した。その模型は、３本の紐がらせん状に絡まったもの。二人は互いの研究や、前任者たちの論文等を突き合わせながら、「ＤＮＡは三重らせん構造なのでは」との仮説を立てたのだ。もちろん、いくつかの妥協点はある。データ的に足りない側面もあったが、それなりに納得のいく模型を作れたとの自負もあった。

だがこの女性科学者は、「この模型は、間違いだらけよ」ときっぱり言い切った。

「どこが間違っているっていうんだ！」

ジェームズの声に、抑えきれない怒気が混じる。

「どこって、たくさんあるわよ。たとえば、この部分の塩基の結合。こことここの原子の間隔も狭すぎる。それに……」

たちどころに指摘する女性の言葉を聞きながら、ジェームズは歯噛みするしかなかった。それらはいずれも、模型を作りながらジェームズ自身も不確かさを覚え、いったん保留にしていた課題点だったからだ。

だが、それを素直に認めることは、彼のプライドが許さなかった。

「じゃあ君なら、もっといい仮説が立てられるっていうのか？」

「さあ。私は〝仮説〟にはあまり頼らない。私は結晶学者。正確なＤＮＡの結晶写真を撮ることが、

ＤＮＡの構造を解明する最も正確な方法だと思っているの」

「ふーん。つまりは手先が器用な技術者で、頭を使うのは得意ではないってわけだ」

ジェームズが思わず口にした憎まれ口に、彼女はあきれたようなため息を残して、身をひるがえし去ろうとした。

「お名前は？　どちらの研究室にいらっしゃるんですか？」

その背に声をかけたのは、フランシスだった。

「ロンドン大学のキングス・カレッジ。ロザリンド・フランクリンです」

そう言うと彼女は、足早に去っていった。

「おたくの研究室にいる、あの嫌味ったらしい〝ダークレディ〟、最近どうしてる？」

お酒の勢いもあっただろう、ジェームズの口調はいつにもまして、攻撃的であった。バーに流れる大音量の音楽に負けじと、自然と声も大きくなる。

「ああ、ロージーのことか？　相変わらずだよ。ＤＮＡのＸ線写真を撮り続けている」

そう応じたのは、キングス・カレッジのウィルキンス。かつて学会でＤＮＡの写真を発表し、ジェームズをＤＮＡ研究に駆り立てる一因となった人物である。

キャベンディッシュ研究所に来て以来、ジェームズはウィルキンスと連絡を取ることが多くなった。ＤＮＡの構造解析を進めるにあたり、Ｘ線写真が不可欠なのは、今やジェームズも痛感している。その分野にかけては、彼のいる（そしてロザリンド・フランクリンもいる）キングス・カレッジの研究室がトップランナーだった。

「ウィルキンスと手を組むに越したことはない」というのは、賢明な判断だ。加えるなら、イギリスのDNA研究者たちには、お互いの手の内を明かしてでも、早く答えに到達したい事情もあった。

「アメリカの生物学者たちが、DNAの研究に力を入れている」

そのような情報が、英国の研究室にも絶えず飛び込んできていたからだ。他の国に手柄を取られるわけにはいかない。

ジェームズが、ウィルキンスに言う。

「ぼくはこの間、カリフォルニア大学の研究者たちが近々発表する論文の草案を見たんだ。大丈夫、あいつらはまだ、DNAは三重らせん構造だと思っている。だがぼくが見る限り、悪くない線まで行っていた。彼らが論文を発表し、その問題点を世界中の学者たちから指摘されたら、課題解決に取り組み、次こそ正解にたどり着くかもしれない。……ボヤボヤしてられない。ここは手を組んで、やつらより先に論文を出さないと。分かっているだろ？　このレースは1位総取りだ。銀メダルや銅メダルは存在しないんだ」

「ああ。私としても、大学や研究室間のつまらぬ意地の張り合いは脇に置いて、今はロンドンの研究者たちが情報を共有していくべきだと思っているさ」

「ただな……」と、ウィルキンスは声のトーンを落として続ける。

「ロージーは頭の固い女でね。自分の研究を、同僚の我々にすら、なかなか明かさないんだ。困ったものだよ」

「あの女らしい。手柄は全部、独り占めするつもりなんだろうな。本当はあなたをはじめ、この分野を切りひらいた先達がいるからこそできる研究なのに」

「その通りだよ。彼女には、そのあたりの謙虚さが足りないんだ」

そこでだ……と、ウィルキンスはさっきよりも一層声をひそめた。

「これは、うちの研究室で撮影された、DNA結晶のX線写真だ。もちろん、持って帰らせるわけにはいかない。コピーを取るのもご法度だ。だから、しっかり頭にたたき込んでくれ」

そう言うとウィルキンスは、脇に抱えていたカバンから、レターサイズの茶封筒を取り出した。心なしか、落ち着きがない。周囲をうかがうように視線を泳がすと、封筒をジェームズに差し出した。

受け取ったジェームズは、封筒の中身を取り出し、目を通す。写真は数枚あり、それぞれに番号が振ってあった。

「51番を見てみろ」

ウィルキンスが、せかすように言った。

51、51……ジェームズはその数字を探しながら写真をめくり、見つけた瞬間、目を見張った。

そこに写っていたのは、白い円形の背景に、複数の黒い線が〝X〟の文字のように交差している画像だ。ウィルキンスの説明を待つまでもなく、明らかである。

その写真は、ＤＮＡが〝二重らせん構造〟であることの証拠以外のなにものでもなかった。

「これは、誰が撮ったんだ⁉」

「君が思っている人物だよ」

ウィルキンスの答えを聞き、「やっぱり、あの女か……」と心の中で舌打ちしながら、ジェームズは続ける。

「で、彼女は知っているのか？　君がぼくにこの写真を見せることは？」

「そうだとしたら、こんなにコソコソと見せたと思うか？」

「そりゃそうだよな……。ありがとう、感謝するよ」

写真を隅々まで眺め、目と脳にしっかり焼き付けると、「じゃあ、これで失礼するよ」と、二人分の飲み代をテーブルの上に置いて、小走りでバーを後にした。

「間違いない！　やっぱりＤＮＡは、二重らせん構造なんだ！」

高まる胸の鼓動を静めながら、ジェームズは、今しがた見た写真の姿を忘れまいと、必死に頭の中で反芻した。駅の売店で新聞を買うと、その隅の余白に写真の絵を描き、思いついたメモも書き付けていく。

「できるぞ！　これでＤＮＡの構造を解き明かせるぞ！」

走り出した地下鉄の車内で、胸の鼓動はますます高まる。同時に頭の中は恐ろしいまでに冷め、明日すべきことを順序立てて計画していた。

「二重らせんだ、間違いない！　さっそく模型を作るぞ！」

興奮しながら研究室に飛び込んできたジェームズの勢いに、フランシスは、何事かと驚いた。

「どうしたっていうんだ？」

「モーリスだよ！　モーリス・ウィルキンスがX線写真を見せてくれたんだ。二重らせんだよ」

ジェームズが、新聞をフランシスの目の前に広げる。怪訝そうな顔をすると、ジェームズは「ここだよ、ここ！」と余白に描かれた図形を指さした。

「昨日、モーリスに見せてもらったX線写真の写し描きだ」

それは、普通の人には何の意味も持たない、ただの落書きのようなものである。だがフランシスにとっては、とてつもないお宝の地図であった。

「なるほど……たしかに二重らせんだと考えれば、つじつまが合う。写真を撮った際のデータはあるのか？」

「あぁ、ここにメモしてある」

ジェームズは新聞をめくり、別ページの余白部分を示した。

フランシスは感心したようにそれらの数値を見ながら、うんうんと小さくうなずく。それから、先ほどから気になっていたことを尋ねた。

「この写真やデータは、モーリスがとったものなんだよな？」

「あぁ、彼の研究室がとったデータだ」

その言いまわしが、フランシスの心に引っかかった。ウィルキンス自身ではなく、〝彼の研究室〟だという表現に……。

だがフランシスは、あえてそこは追及しなかった。

ＤＮＡの構造を、自分たちが解明できる——その欲求が上回ったのだ。


ＤＮＡの模型を作る上での、二人の役割分担は明確だ。

ＤＮＡを構成する五炭糖やリン酸、塩基がどのようにつながっているかの〝設計図案〟を考えるのは、生物学者であるワトソンの得意分野だ。

それらがどのような長さや角度で結合し、完璧なバランスの二重らせん構造になるかを計算するのは、物理学者のフランシスの領分である。

「どうだ？　この塩基の並びなら上手くいきそうか？」

「構造としては成り立つ。ただ、遺伝子のコピーを作るプロセスでバグが生じるな」

ホワイトボードとパソコン、そして模型の間を行ったり来たりしながら、二人はアイデアと言葉を交わし、試行錯誤を重ねた。

やがてジェームズは、椅子に浅く座ってホワイトボードを眺めながら、あごに手を当てて沈黙した。それを見たフランシスは、席を立ち、大学内のカフェに紅茶を飲みに行った。相棒があの〝思考モード〟に入った時は、しばらく放っておくのが一番だとわかっているからだ。

15分ほどして研究室に戻ると、ジェームズが興奮した様子で「どこに行ってたんだよ！」と駆け寄ってきた。〝思考モード〟の間に、何か思いついたようだ。

「さっそく、このアイデアがうまくいくか計算してくれ！」

叫ぶようにそう言うと、ジェームズは紙にDNAの〝設計図〟を描き始めた。

それは、次のようなものである。

DNAを構成する2本の紐の内側には、A（アデニン）、G（グアニン）、C（シトシン）、T（チミン）の4つの塩基が並んでいる。塩基には対合のルールがあり、AはT、CはGと結合する関係にある。

「で、ここからがポイントだ」

ジェームズは視線を上げ、フランシスの様子を確認すると、再び紙に図を描き始めた。

「仮に、A、G、C、Tと塩基が並んでいる紐があるとする。それに対応する紐には、T、C、G、Aの順で塩基が並ぶことになる。つまりはひっくり返ってはいるが、この2本は同じ紐だ。この塩基の〝腕〟でつながっている2本の紐は、やがて1本ずつに分離する。そしてそれぞれが、自分の塩基配列に対応する塩基と結びつく。つまりは、自分の複製を作ることになるだろ!?　こうやってDNAの2本の紐はほどけ、相方となる塩基と結びつくことで、どんどん増え続けていくんだ！」

ジェームズが言い終わらないうちに、フランシスはすでに自分のデスクに戻り、計算と検証を始めていた。

「どうだ？　うまくいきそうか？　いくだろ？」

待ち切れない様子で話しかけるジェームズに、フランシスは「少し静かにしてくれないか？」と冷静に言葉を返す。これもいつものことだ。

「これで、うまくいくはずだ」

手で走り書きした〝設計図〟を、フランシスはジェームズに見せた。

ジェームズはその図を見ながら、模型を組み立て始める。

もう何度も何度も、繰り返してきた作業だ。ただこの時、ジェームズはすでに確信していた。

「これは絶対にうまくいく！」

なぜなら、組み立てる手が止まることがない。これまでは、自分でも確信が持てなかったり、迷いながら強引にパーツをつなぐこともあった。だが今回は、そんなつまずきがまったくない。

「できた！」

ジェームズが叫んだのは、組み立て作業を始めてから、わずか1時間ほど後のこと。

「確認してくれ、フランシス」

ジェームズに促され、フランシスは一つひとつの原子の間隔などを確認し、ミスがないかチェックした。

その作業にも、さほど時間は要さない。15分ほどですべて確認し終わると、フランシスは満足そうに深くうなずいた。

「完璧……じゃないかな、ジェームズ」

その言葉を聞いて、ジェームズは少し驚いた。慎重で控え目な相棒の口から、「完璧」という言葉を聞くのは、初めてだったからだ。

「美しい……」

フランシスは、心から、そう思った。

チャールズ・ダーウィンが唱えた、環境に適応した者が生き残りゲームに勝つ、という、生物の生存競争と進化の論理。グレゴール・ヨハン・メンデルが発見した、親から子孫へと受け継がれていく〝遺伝〟の性質。

40億年もの悠久の時を経て、環境に適応し、親から子へと特性を伝え、進化を重ねて今に生きる生命たち。

その真理を解き明かすべく人生を捧げてきた科学者たちの想いと成果が、一つひとつのパーツとなってつながり、今、目の前に美しい二重らせんを描いてそびえ立っていた。

1953年4月25日。「核酸の分子構造」と題された論文が、フランシス・クリックとジェームズ・

ワトソン、そしてモーリス・ウィルキンスの連名で、科学雑誌「ネイチャー」に掲載された。

フランシスの祖父、ワルター・クリックとチャールズ・ダーウィンの論文が掲載された時から、71年の年月が経っていた。

科学の
先駆者たち

人間の設計図、「ヒトゲノム」を解読せよ
クレイグ・ベンター

そこは、人の死を教える学校だった。

地雷や手投げ弾、銃撃や竹やりなどの攻撃で、瀕死の重傷を負った兵士たちや、すでに死亡した者たちが、次々に運び込まれてきた。

1966年。ベトナムの港町ダナンの海軍病院で、上級衛生兵としてクレイグ・ベンターは働いていた。本当は戦地になど、来たくはなかった。ベンターは、ごく普通の20歳の若者だった。毎日サーフィンをして、明日のことなど気にすることなく、楽しく過ごせればそれでよかった。

しかしアメリカがこの戦争に加わるようになってから3年、とうとうベンターのもとにも徴兵カードが送られてきた。学校の成績がよかったわけではないが、3万人以上の新兵に対して行われた知能テストでトップになったベンターは、戦地の病院で働く衛生兵としての教育を受け、戦地に送られたのだった。

最前線に建てられたプレハブ小屋のような病院は、暑さと湿気で息苦しいだけでなく、しばしばロケット弾が落ちてきた。死と隣り合わせの病院で、ベンターは毎日、重傷を負った兵士たちを、治療をすれば助かる者と、その見込みがない者に分類するという、辛く恐ろしい任務をこなしていた。

「死にたくない、死にたくない」と言いながら息絶えていく何百人もの死を看取った。

また、コレラやマラリアなどの伝染病にかかり、自分が生きているのか死んでいるのか分からない人や、手足を切断するほどの大きなけがをして、かろうじて一命をとりとめたものの、生きる希望を失って死にたがっている人たちとも接していた。

毎日のように人の死を見続けて、5ヵ月が経った。

「もう耐えられない。俺は、ここから逃げる。この世界のすべてから逃げる」

ベンターは死んでしまおうと決意した。深夜、目の前の真っ暗な海に入り、沖で沈むつもりで泳ぎ始めた。2キロほど進んだだろうか。力尽きかけ、いよいよ自らの死が目の前に迫ってきたときに、ベンターは突然気がついた。

「俺は、なんてバカなことをしているんだ」

岸に引き返す手足は疲れ果ててもうほとんど動かなかったが、どうにか砂浜にたどり着いたとき、ベンターはぼんやりと思った。

「こんなところで死んでたまるか。この人生を意味のあるものにするんだ。必ず母国に帰って、何か大きなことをしてやるんだ」

そんなある日、2人の負傷兵がベンターのもとに送られてきた。2人とも、腹部に銃撃を受け、重傷を負っていた。そのうちの1人は、明日の朝まではもたないだろうと医師は判断し、ベンターもまた、これまでの経験から同じように思っていた。しかしもう1人は助かる見込みがあった。手術をした医師は「この男はきっと助かる」と言った。だが手術を受けた男は、「俺はもうダメだから、妻への遺書を代筆してくれ」と、ベンターに頼んだ。

「死ねばすべてを終わらせられると思う気持ちは分かる。俺もそう思ったことがあるからな。だが君は助かるんだ。今ここで我々ができることは、すべてやった。明日には、救護ヘリでこの戦地から離れられるんだよ」

ベンターの必死の励ましにもかかわらず、男は翌日死んでいた。死亡診断書を見ると、そこには「生きることをあきらめたため」と書かれていた。

もう一人、恐らくもう助からないと思われていた男は翌朝、病棟のベッドに座っていた。驚くベンターと目が合うと、男は言った。

「やあ、少し話をしないか」

男は自分がどうやって襲われたのか、また、残された仲間たちをどれほど心配しているかを語った。ベンターはそう長くは生きられない彼のために、できるだけ一緒にいてやろうと思い、たくさんの話を聞いた。

「故郷に帰ったら、俺はまた、あいつらと一緒にバスケットボールをするんだ」

やがて痛み止めの麻酔で眠った彼をおいて、ベンターは立ち去った。

「せめて話を聞いてやるくらいのことしかできなかったが、もう会うことはないだろう」

ところが翌日、病棟に行くと、男は変わらずそこにいて、医師や看護師と楽しげに会話をしている。

「助かる見込みだった男は死んでしまったというのに、むしろもっと重傷だった彼はこうして生きている。生きたいと願う気持ちは、どんな薬よりも効果があるんだ。俺は、死にたくない。今日も明日も、ずっと生きていたい」

助かるはずの傷なのに、生きることをあきらめたために死んだ者。生きられるはずがない重傷なのに、生きる意志を強くもって生き続けている者。

2人の負傷兵は、ベンターのその後の人生に大きな影響を与えることになる。

2年と8ヵ月後、ベンターは兵役を終えてアメリカに帰国した。彼はもはや、サーフボードに未練を残した奔放な若者ではなかった。

「俺は大学に行く。将来は医者になって、発展途上国で働くんだ。死んでしまった彼らの死を無駄にしないため、命をかけて何かをしたい」

ベトナムでの医療経験があったため、ベンターはサンフランシスコの病院で呼吸療法士として採用された。彼はそこで働きながら、まず短大へ入学した。高校時代は学校もさぼりがちで、単語のスペルさえ怪しかったベンターであったが、医師になるためには勉強に励む以外に道はない。もともと知能の高かったベンターが勉学に集中すると、成績はみるみる上がっていった。ある時、そんな彼の学問への素質を見抜いた一人の女性講師が、こんな課題を出した。

「この2冊を読んで、感想文を書きなさい」

1冊目はヨットで単独世界一周に成功した男のドキュメントで、もう1冊はノーベル賞を受賞したジェームズ・ワトソンが書いた『二重らせん』だった。アメリカ人のワトソンと、イギリス人生物学者のフランシス・クリックが、DNAの構造をいかにして発見したかをつづった本だ。

「分子生物学か……。こんな分野を研究する人たちもいるんだな」

2年のコースを1年半で終わらせ、ベンターはオールAの成績を収めてカリフォルニア大学サンディエゴ校への転入が認められた。

ここでベンターは、ゴードン・サトウという日系人教師と出会う。サトウはベンターの中に、医師になる以上の素質があると判断した。

「君、基礎研究に興味はないかね？　私の知り合いで、有名な生化学者のネイサン・カプランという人物がいるんだが……君が望むなら、紹介しよう」

「基礎研究ですか。実は、先日やったニワトリの心臓から細胞を取り出す実験を発展させて、試したいことがあったんです」

試したいこと、それは、アドレナリンがどのようにして細胞の動きを速めるのかを明らかにする実験だった。その実験は大成功を収め、権威ある雑誌にその論文が掲載されることとなった。サトウは言った。

「君ならば、患者を一人ずつ治療していくよりも、研究に進んだほうがいい。そうすれば、科学に飛躍的な進歩をもたらして、ずっと多くの命を救えるはずだ」

「本当ですか？　実は、自分の天職は研究者ではないかと感じ始めていたところだったんです」

生化学の学士号を手に大学を卒業したベンターは、生理学と薬理学を学ぶために大学院に進んだ。かつて劣等生だった過去を乗り越え、ベンターは、大学院を優秀な成績で修了し、博士号を取得した。ベトナムから帰国して以来、7年半という歳月が経っていた。卒業後は医大の教員として数多くの誘いがあったが、ベンターはニューヨーク州立大学で働くことにした。

ここで6年ほどを過ごしたある日、大学と連携しているロズウェルパークがん研究所から、分子免疫学部門の副部長にならないかという誘いがあり、ベンターはこれを受けた。

ロズウェルの研究所でがんに関する研究を続け、2〜3週間に1本ほどのペースで論文を発表していると、今度は国立衛生研究所（NIH）から、「うちに来ないか」という誘いが来た。

「この10年間、アドレナリン受容体の特性を研究してきたが、そのはたらきを理解するには分子構造の解明が不可欠だ。ベトナムで決めた、大きなことを成し遂げたいという思いは、今だって少しも変わってはいない。もっと大きな舞台に移る時が来たのだ」

こうしてベンターは、世界最大にして最高峰の生命科学・医学の研究機関に所属することになった。

ベンターには、自分の研究室を立ち上げるための数千万円相当の資金が支給され、その上、新たに分子生物学の研究に乗り出すために、年間約1億円を超える予算が約束されていた。それだけではなく、NIHではアメリカでも選りすぐりの研究者数百人が働いており、互いに協力し合うことができた。ベンターの部屋のすぐ真下には、DNAの研究でノーベル賞を受賞した人物までいた。

「ここは、まさに科学の天国じゃないか！」

ここでベンターの興味は、DNAへと移っていく。

DNA（デオキシリボ核酸）とは、生物の身体をつくっているほとんどの細胞の中にある「細胞核」という部分に収められている。Ａ（アデニン）、Ｔ（チミン）、Ｇ（グアニン）、Ｃ（シトシン）の４種類の塩基で構成され、細胞内では２本のＤＮＡが向き合った「二重らせん構造」をとっている。その並び方は「塩基配列」と呼ばれ、この配列により記録された情報が遺伝子だ。

遺伝子は身体の材料となるタンパク質の構造を決め、使われる量やタイミングを調節する、いわば「体の設計図」であり、また親から子に伝わる情報でもある。

人間や生物のからだの特徴が、両親からそれぞれの遺伝子を受け継いで子孫に伝わることは、メンデルによる発見で明らかになっていた。しかし遺伝子がＤＮＡに記録されていることは、１９４０年代以降、細菌やファージウイルスを使った分子生物学的実験によって初めて突き止められた。

そして、人間が持つ遺伝子情報を「ヒトゲノム」と呼ぶ。つまりヒトの設計図だ。ヒトゲノムがすべて分かれば、生命現象の基本となるすべてのタンパク質を、どんな時にどう使っていくのかという、遺伝情報のすべてが手に入るはずだ。

その情報をもとに何が起きるのかを詳しく調べていくことで、親から遺伝する病気の原因も判明するし、そもそも病気が発症する前に治療することもできる。がんのような病気も予防できるだろう。生まれたばかりの赤ん坊でさえ、この先、どのような病気になりやすいのかが分かるだけでなく、生まれる前の段階からそれを判別することだってできるのだ。

しかし、ヒトゲノムの塩基配列は約30億対という膨大な量の文字で記された情報だ。長年にわたる科学者の夢でありながら、ヒトゲノムの解読は、まさに夢物語と見なされていた。

そんなある日——。

「これはすごい！　今までのように面倒な作業を人の手でするよりもはるかに早く、ＤＮＡ解読ができるじゃないか！」

１９８７年。新たに開発されたという、自動ＤＮＡ解読装置を目にしたベンターは、その性能に驚いた。

「これがあれば、ヒトゲノムの解読にも挑戦できるかもしれない」

ここ2～3年、ヒトゲノムの解読をするべきだという気運が、世界中で高まりつつあった。

有名な科学雑誌「サイエンス」では、ノーベル賞受賞者でイタリア生まれのアメリカ人、レナート・ダルベッコ博士が、がんとの戦いに勝つためにヒトゲノムの解読を進めることを提唱し、イギリスの医学団体も、欧州連合に対してゲノム解読共同プログラムの編成を訴えていた。ベンターは思った。

「ヒトのすべての遺伝子の配列をデータベース化したら、どれほど素晴らしいだろう。科学者は現在、たった一つのヒト遺伝子を解読するのに10年の歳月を要している。だが、もっと大規模な取り組みができれば、15年、いや10年のうちにすべての塩基配列を解読できるかもしれない。私は大賛成だ」

１９８０年代当時は、ヒト遺伝子の数は10万ほどと見積もられていた。当時の技術では、たった一つの遺伝子を解読するために、早くて数ヵ月、長い場合には数年かかる。さらに、ヒトゲノムすべての塩基配列を解読するとなると、遺伝子の記録されていない領域の解読も求められる。

ベンター自身も、多数の研究員とともにヒト遺伝子の塩基配列を解読していたが、その多大な労力、コスト、時間に辟易していた。

「何かもっと、簡単な方法はないものだろうか……」

ベンターがそう思い悩んでいた頃、彼は日本でのシンポジウムに招待された。

「ようこそ、ミスター・ベンター。あなたが、世界の中でも最先端を進んでいることは、私たちはみな知っていますし、尊敬していますよ」

イギリスを中心としたヨーロッパ各国がそうであるように、日本でも多くの大学で、ＤＮＡの研究が進められていた。ベンターは日本の研究者たちと、ＤＮＡ研究の未来について大いに語り合ったのだった。その帰りの飛行機の中で、ベンターは考えていた。

「わたしが塩基配列の解読に用いた技術自体には問題なかった。だが、それでも時間がかかりすぎる。もっと発想を大きく変えなければ、劇的な進展はない……」

ベンターは、ＤＮＡそのものではなく、ＤＮＡの遺伝情報が読みとられてタンパク質がつくられるまでの過程に注目した。ＤＮＡに記録されている遺伝子の情報は、ＲＮＡという類似の物質に一度写し取られて、タンパク質がつくられる。このＲＮＡに注目した結果、直接的に塩基配列を解読できるものではないが、「何の遺伝子の情報が読み取られているか」を素早く検出できる新技術を生み出した。ヒトゲノムの中で、実際に遺伝子として作用するＤＮＡ配列は、全体のわずか３％である。科学者たちが欲しい情報は、この３％であった。そもそも、何の遺伝子が、どの細胞で、どのくらい発現しているのか分からないと、遺伝子の解析も進められない。だが、それだけを見つけてくるのが難しかったのだ。

「毎日のように、20〜60ものヒト遺伝子が発見されていくじゃないか！」

生物学の根底がひっくり返る予感を、ベンターは覚えていた。

ベンターはすぐに、この画期的なゲノム研究に予算をつけてもらえるよう、申請した。しかし、ベンターの上司は、そんな方法がうまくいくかどうかは誰にも分からないと言って、申請を却下した。

この上司というのは、あの『二重らせん』を書いたジェームズ・ワトソンその人だ。ベンターは、ＤＮＡ研究における偉大な研究者として彼を尊敬していただけに、大きなショックを受けた。

――ワトソンが重視しているのは科学ではなく、金と縄張りを守ることだ。自分以外の人間にゲノムを解読させるつもりなど、彼にはないんだ！

ベンターはワトソンに手紙を書いた。

「あなたのせいでＮＩＨにはびこるようになった官僚的な手続きは、科学への専心をさまたげてきました。あなたは批判されることを恐れ、プロジェクトの先頭に立つことを怖がっています。もう、あなたからの資金は必要としません」

ベンターはその後も独自に研究を進め、ヒトの約２０００もの遺伝子を特定してみせた。この発表に、研究者たちはとても驚いた。ベンターはそれまでに見つかっていたヒト遺伝子の数を、たった２〜３ヵ月で倍にしたのだ。

またこの年、アメリカは公式に、ヒトゲノムの全塩基配列解読のための国際プロジェクト（ヒトゲノム計画）をスタートさせた。期間は15年以上、推定予算は総額３０００億～４０００億円相当という、途方もないビッグプロジェクトだ。

そんなある日。ＮＩＨのビルの中で、ベンターは一人の男に話しかけられた。

「クレイグ・ベンター博士でしょう？　前からあなたに会いたかったんですよ」

男はＮＩＨのなかでも、特許に関する政策を決める部署の局長だった。

「とある、バイオテクノロジー関連の巨大企業から尋ねられたんですよ。ＮＩＨは遺伝子発見という大きな富の源泉を、どう扱うつもりなのかとね。これからベンター博士の研究室にうかがって、知的財産の問題について話し合いたいのですが」

「いや、そんな話は聞く気になれないね。私は特許には詳しくないんだ。それにニューヨーク州立大学にいた頃、特許には嫌な思いをさせられているんでね」

かつてベンターが研究していた成果を、ニューヨーク州が特許申請しようとしたことがあった。だが、それをされてしまうと、長い期間がかかる出願が済むまで、自らの発見を科学会で発表することができなくなってしまうのだ。

科学者や法律家、経営学者の間では、大学やＮＩＨのように政府の資金提供を受けた組織が、科学知識の追究から目的を変え、産業界で活用できる結果を求める、つまりは金になる研究に向かっているのではという議論が続いていた。ベンターもその点を危惧していた。

「新たな発見は、誰でも自由に利用できるようにしておいたほうが、こちらの研究もスムーズに進むんだ。特許はとらないよ」

ベンターはそう言ったが、その頃からすでに、解読されたヒト遺伝子の知的財産権は世界中で大きな問題となっていた。

「しかし博士、特許さえとってしまえば、商業的な事業を行う会社は、お金を払うことで新たな薬を早く、楽に開発できるのですよ。それに、あなたが反対したところで、NIHは特許の手続きを進めることができるんです」

「そうか……研究資金のためにも、特許をとっておいたほうがいいかもしれないな。じゃあ、特許をとることは正しいという説明を、私の上司であるワトソンにも、しっかりしておいてくれよ」

こうした会話を踏まえ、ベンターはゲノム研究に関する公聴会で、NIHは特許を取得する方針であることを伝えた。

「そのほうが、ヒト遺伝子の発見をスピードアップできそうなのです」

これを聞いて大反対したのは、ワトソンだ。

「そんな特許を出願するなど、正気の沙汰ではない！　ベンターが使っている自動解読装置などサルでも動かせるというのに、ぞっとする話だ」

ワトソンは、もちろんベンターの考えを知っていた。しかし公の場でベンターを攻撃するために、まるで今初めて聞いたかのように、彼の特許取得の方針を責め立てたのだ。

同じ研究室にはベンターの妻、クレアが働いていた。ロズウェルパークがん研究所にいた頃に2人は出会い、結婚して以来、研究においても、私生活においても、頼れるパートナーとなっていた。

クレアは、ワトソンの話を聞いて激怒した。

「頭にくる！　そこまで言うなら見てなさい！」

「おいクレア、何をするつもりだ？」

翌日、クレアはゴリラの着ぐるみに白衣を着て研究室に現れた。チームのメンバーは大笑いしながら、ゴリラと一緒に記念撮影をし、ゴリラはまた、ワトソンの教科書を読むふりをしたりした。

ささやかな一矢を報いて、ベンターは少しだけ気分が晴れるのを感じた。

「特許をとったとしても、誰も遺伝子の配列情報にアクセスできなくなるというわけではないんだ。NIHのサイトに登録して公開すればいいじゃないか」

ベンターとワトソンの間に、そんな出来事があった翌年の、1992年。

ワトソンはNIHの所長と問題を起こし、ヒトゲノム研究センター所長の任を解かれた。後任には、いくつもの原因遺伝子の発見で輝かしい経歴をもつ、フランシスコ・コリンズが就いた。しかし、コリンズもまた、ワトソンと同じように、ベンターを自らの敵のように見なす男であった。

特許や資金の問題でNIHとの関係はうまくいかなかったベンターだが、バイオテクノロジー産業からの誘いはいくらでもあった。このままここで働き続ける一生分の稼ぎ以上の金額を、契約金として提示する企業もあった。

しかし、商業的な環境では自分がしたい純粋な科学の研究は不可能だと考えたベンターは、その誘いを断っていた。

「自分にとって、科学の真理を追究できる環境は、金よりもはるかに大事なのだ」

そんなある日、生化学者からゲノム科学者へとすっかり転身したベンターの元に、一人の投資家がやってきて尋ねた。

「どういう条件なら、博士はNIHをお辞めになるんですか？」

「そうだな。自分の基礎研究を行える科学研究所をもたせてくれて、10年間にわたって、50億から100億円の資金をポンと提供してくれるというのなら考えるよ」

法外な要求であることを知りながら、あえてベンターはそう言ったが、投資家はにやりと笑ってこう答えたのだった。

「その規模で博士の支援ができる組織が、一つだけありますよ」

それは、歯ブラシで世界的に有名な大企業だった。その会長ウォレス・スタインバーグは、もうすぐ科学が不老不死の秘密を解き明かすと信じており、まっさきにその恩恵を受けたいと考えていた。

投資家は言った。

「スタインバーグ氏は毎日の健康に気を使うだけでなく、すでに2つのバイオテクノロジー企業をおこし研究を進めているのです。博士のような優秀な方を、スタインバーグ氏は求めているんですよ」

後日、ベンターはスタインバーグと直接対面することとなった。挨拶の握手もそこそこに、スタインバーグは話し始めた。

「ベンター博士の言う通り、非営利の研究センターを作りましょう。これまでのように、必要な資金を上司に申請する必要もありませんし、博士の発見は自由に発表してくださって構いません。10年間の資金は、そうですね……１００億とはいきませんが、85億円ほどでいかがですか」

わずか15分の会議で、すべては決まった。

帰りの車の中で、ベンターは思わず叫んだ。

「本当にすばらしい！　書類のやり取りなどなしさ。自分のアイデアと夢と才能に後援資金がつくのは、科学者なら誰でももつ夢だ！」

こうしてベンターは、自分のための「ゲノム科学研究所」を設立した。ここでベンターは、自動ＤＮＡ解読装置を何十台も購入し、ヒトゲノム解読の研究に邁進しようと、決意を新たにした。

そしてベンターは、生物のゲノムを今までよりもずっと早く解読できる、新しい方法を考案する。それが「全ゲノムショットガン法」だ。それまでのゲノム配列決定法は、まずゲノム全体のおおまかな地図を作ってから細かく解析していくというやり方だった。ジグソーパズルにたとえると、すべてのピースがそれぞれ上から何番目、右から何番目に当てはまるかを決めてから組み立てるようなものだ。この方法は正確だが、とにかく時間がかかった。

一方ベンターの全ゲノムショットガン法では、ゲノムＤＮＡをランダムに細かく切断して、それをどんどん解読する。その上で配列の重なっている部分を利用し、コンピュータを使ってつなぎあわせ、全体像を組み立てていくというものだった。

ジグソーパズルでいうと、ピースの絵柄や縁のかたちなどのヒントから組み立てていく方法だ。正確さは少しばかり犠牲になるが、圧倒的に早く出来上がる。ただしこの方法には、計算速度の速いスーパーコンピュータが必要であり、コンピュータ技術が発達したこの頃になって、ようやく実行できるようになったのだ。

「遺伝科学者ベンター、ＮＩＨを辞職して民間研究所を設立！」

新聞や雑誌はこのニュースを大きく取り上げた。新しい研究所の自室で、それらの記事を読んでいたベンターは、その中に、彼に資金を提供したスタインバーグの言葉を見つけた。

「わたしは、ヒトゲノムを我が物にしようと各国が競い合っていることに気付いた。今この競争に参加しなければ、アメリカは競争の機会すら失い、いずれ勝者となるイギリスや日本、そのほかの国々に、貴重な遺伝子に関する権利を奪われるだろう。今すぐこちらも本格的な取り組みをしなければ、アメリカのバイオテクノロジーは終わってしまう」

記事を読んだベンターは、袖をまくり上げて立ち上がった。

「我が国のバイオテクノロジー産業を救おうとしているスタインバーグのためにも、このわたしが世界の先陣を切るんだ！」

だが、そんなベンターの活躍をやっかむ科学者も多かった。彗星のように現れて名声と幸運を得たこと、特許で儲けようとしている男というイメージもあり、世界中の科学者から攻撃の標的となってしまったのだった。

「彼は何も発見していない。今までの発見をスケールアップしただけだ」

「科学者たちから認められて拍手喝采を浴びたいと望むだけでなく、スポンサーの要求を満たして自分もその分け前にあずかろうとしている」

そうした批判をそのままにしておくことは、自身のプライドに関わる。ベンターはことあるごとに、雑誌の取材に応じ、自分の考えを説いた。

「わたしは金持ちになるために研究所を作ったのではありません。ＮＩＨではできないような高レベルの解読をやりたかったからなのです」

ベンターは全ゲノムショットガン法を用いた最初のゲノム解読のターゲットを、１８０万塩基対をもつ「インフルエンザ菌」に決め、１９９５年、着手してからわずか４ヵ月でゲノム解読を終えた。世界で初めて、生きている生物の全ゲノムが明らかになったのだ。ベンターが研究所を立ち上げた時、こんなことができると思っていた科学者は一人もいなかった。あのワトソンでさえ、「これは、科学における偉大な瞬間だ」と認めざるを得ないほどの功績だった。

ところがこの頃から、ベンターの味方であったはずのスタインバーグが、徐々にその本性を現し始めた。ベンターが新たに発見したデータを、公表せずに、２年間独占することを求めてきたのだ。

「ちょっと待ってください、スタインバーグさん。一般的に、科学者がデータを保持できる期間は６ヵ月と相場が決まっていて、ＮＩＨもそういうルールになっているんですよ」

「たった6ヵ月では商品を開発するどころか、特許をとるために必要な情報を揃えることさえできないじゃないか」

「確かにあなたの言う通りだが、6ヵ月あれば、あなたの会社の優秀なチームなら、発見したデータの中から見込みのあるものを選ぶには十分でしょう。いずれにせよ、わたしの研究グループはこれから何万もの遺伝子を発見することになりますが、その中でも病気の治療や新薬の開発に直接役立つようなものは、ほんの一握りしかないんです」

ベンターは、スタインバーグをうまく持ち上げながら、必死に抵抗した。

またベンターは、自分の発見に関心をもつバイオテクノロジー企業や製薬会社のどことでもライセンス契約を結ぶつもりでいたが、実はスタインバーグは違った。スタインバーグは、これらを独り占めして、一つの企業とだけ巨大な独占契約を結ぶつもりでいたことが、徐々にわかってきたのだ。

「彼とどうやって折り合いをつけていったらいいんだろう」

ベンターは悩んだ。だが１９９５年、スタインバーグは心臓発作で突然亡くなってしまった。まだ61歳という若さで、意外なほどあっけない最期であった。

「彼は何よりも、不老不死を望んでいた。私の研究所や、自分がもつさまざまな医薬品会社が、いつの日か寿命を限界以上に延ばす注射を打ってくれると信じていたはずだ。スタインバーグがゲノムの解読に関わろうとした動機には『金儲け』という側面もあったが、そこから得られる大きな可能性を、彼は誰よりも信じていたのだ。わたしは、彼の信念にこたえなければならない」

スタインバーグの後継者との話し合いの末、資金援助がなくなる代わりに、ベンターはデータを自分たちのものとし、それをどうするか自由に決められるようになった。

ベンターが最初に決めたのは、この研究所で今日までに集めた遺伝暗号を、残らず公のデータベースで公開することだった。

「ベンターは科学と人類のために、何十億もの金を手放した」

科学雑誌は、こぞって彼の行動をほめたたえた。

やがてベンターの研究所には、スタインバーグ亡き後のベンターの方針を知った数多くの企業が接近し、ベンターに資金を提供する代わりに、やってもらいたい研究を依頼した。

「この研究所で働く何百人もの同僚やスタッフたちも、これで路頭に迷うことはないだろう」

ベンターはほっとすると同時に、ヒトゲノムの全解読に乗り出せるだけの体制が整ったと感じていた。これまでの研究で手ごたえを感じていたことだけがその理由ではない。1997年になり、新たな自動DNA解読装置が開発されたことが、ベンターにとって大きな希望となった。

「これならば、政府のプログラムの10分の1の費用で、ヒトの全ゲノムを2〜3年で解読できるのではないだろうか」

解読装置だけでなく、コンピュータや薬品、検査に必要な酵素なども改良されたことで、ベンターはこの途方もない計画が現実味を帯びてきたと感じていた。妻のクレアは夢物語のように壮大な計画にあきれた様子だったが、ベンターはこの計画を実行に移すこととした。

　またこの年の暮れ、ベンターは、アメリカのクリントン大統領をはじめ、各界のリーダー２０００人が参加する大きなパーティーに招かれた。妻とともにこれに参加したベンターは、どうした理由からか、クリントン大統領とその妻、ヒラリーの隣席に案内された。

　ここでベンターは、クリントン夫妻が自分の研究に深い関心を寄せていたことを知る。特にヒラリーはさまざまな質問をベンターに投げかけては、彼の答えを聞いて感心していた。

「まるでスポンジのように、ゲノムの知識をどんどん吸収する人だな」

　ベンターたち2組の夫婦は、おいしい食事に舌鼓を打ちながら、楽しいひとときを過ごしたのだった。さらにその翌年には、ホワイトハウスで開かれたパーティーのあと、大統領との晩餐に招待されただけでなく、ホワイトハウスの中にある夫婦の住まいにまで招かれた。ここではワインやビールを飲みながら、イギリスの理論物理学者スティーブン・ホーキング博士の講義内容などについて語り合った。

　１９９８年。国際ヒトゲノム解読計画は、９年目に突入していた。すでに巨額の研究費が投入されてきたが、計画通りに進んだとしても、まだあと7年はかかる見込みだった。それでも、このまま順調に計画が進めば、7年後の２００５年にはヒトゲノムを読み終える予定となっていた。

　一方ベンターも、個人プロジェクトとしてのヒトゲノム解読計画を進めていた。

「現在のわたしの研究所とは別に、ヒトゲノム解読を専門とする、小さなチームを作りたいと思っているのです」

ベンターは自動DNA解読装置を開発したメーカーの担当者や、この新しいチームのためにスポンサーとなってくれそうな人々を集め、会議を開いた。

「もしヒトゲノムを解読できたら、必ずそのデータを公開し、分析結果を主要な新聞と雑誌で発表するつもりです」

ベンターがそう言うと、スポンサー候補の一人が、いきなり質問をぶつけてきた。

「それで、いったいいくら儲かるんだ」

「わたしの役目は、配列を明らかにしてデータを公表することです」

「もしわたしの金でヒトゲノムを解読し、それをただで公表しようというのなら、そこからどうやって利益を生むのか、その計画も立てるべきだろう」

こうしたやりとりに、ベンターはうんざりしていた。

「実はわたしが以前勤めていたNIHの機関の一つ、国立がん研究所の所長や、仲のよいエネルギー省の上級職員は、この計画に賛同してくれているのです」

それらの権威ある組織の名を聞いて、スポンサー候補たちはようやく納得したそぶりを見せた。

「あぁ、君のこれまでの資料は見た。ヒトゲノム解読のレースに、君が勝つことは明らかだ」

こうしたいきさつを経て、ベンターはスポンサーから資金を得ることができた。彼はその資金をもとに、ヒトゲノム解読のための新会社「セレーラ・ジェノミクス社」を設立した。そして新聞を通じて、自らの計画を発表したのだった。それは、国際プロジェクトの約10分の1の300億円の資金で、ヒトゲノムを3年以内にすべて解読するというものだった。

この計画が成功すると、ヒトゲノムの完全な配列は２００１年末までにすべて手に入り、国際プロジェクトよりも4年早く終了することになる。そうなれば、これまで大金をかけて研究をしてきた世界じゅうの機関は、もはやヒトゲノム解読を行う意味がなくなってしまう。

ベンターの発表に、関係者たちは大きなショックを受けた。

「ベンターは政府から、ヒトゲノム解読という歴史的目標をひったくった」

「ベンターがやろうとしている方法では、政府支援のプログラムによる解読に比べて、多くの大きな穴が生じるだろう」

科学者たちはそう批判したが、本当のところ、ベンターに研究をとられてしまうことで、自分たちにあてがわれていた莫大な研究資金が打ち切られてしまうことを恐れていた。

新聞記事は、科学界に衝撃を与えたこのニュースについて、次のように書き立てた。

「いきなり誰かがあなたの足元の３０００億円のじゅうたんを引っ張って奪おうとしたらどうだろう。たいへんなショックを受けるに違いない」

「ベンターは、ドイツの独裁者ヒトラーが世界を我がものにしたいと思ったように、ゲノムを自分のものにしようとしている」

さらにメディアが「民間企業のセレーラ社が、遺伝子マップで政府を打倒」「国際ヒトゲノム計画は消滅の危機にある」と報道したことで、コリンズら国際プロジェクトチームとの対立は、ますます深まるばかりだった。

これまでにもベンターは、マラリアやコレラ、結核菌など、生きたウイルスや菌のゲノムを解読してきた。そしてセレーラ社で彼は、ヒトゲノム解読を行う前のテストとして、ショウジョウバエという、ゲノムの大きさが約1億8千万塩基対の生物のゲノム解読にあたった。

「ショウジョウバエを選んだのは、中枢神経系を手に入れた最初の生物であり、生物学にとって重要なモデルの一つだからです」

ベンターは自分を攻撃する人々へ反論するだけでなく、自分の研究内容を丁寧に説明し、その目的や結果を、ことあるごとにインタビューで公開していた。

国際プロジェクトチームが数十年をかけてきたショウジョウバエのゲノムを、ベンターはわずか4ヵ月で解読し、1999年には解読完了を宣言した。そしてベンターが世界中のショウジョウバエの研究者約40人を招き、分析を行ってもらったところ、その多くが結果の正確さに驚き、そして満足したのだった。

「これまでの長年の研究で見つけてきたものより、はるかにすごいものを、ほんの数時間で次々に見つけられたよ。ありがとう、ベンター博士」

これで、ヒトゲノムを数年で解読するというベンターの計画は、その実現に向けて一気に現実味を帯びた。このことは、コリンズらに大きなプレッシャーを与えていた。

いよいよヒトゲノムの解読に本格的に着手するにあたり、ベンターには心配ごとが一つあった。

「問題は、あふれるように解読されていくゲノムのデータを、どう処理するかだ。かつてない大型のコンピュータ、ひょっとすると地球上で最大のコンピュータが必要になるかもしれない」

ここに、世界的なコンピュータメーカー2社が名乗りを上げた。テキサスの会社と、ニューヨークの会社だ。彼らは「ヒトゲノムを組み立てたコンピュータ会社」という称号を得るために、ベンターに協力を申し出たのだった。

同じ計算を両社のコンピュータに行わせて性能を比較した結果、テキサスの企業のコンピュータのほうがよい結果が得られた。そのことを両社に伝え、ニューヨークの企業には断りの連絡を入れたところ、その会社の担当者は「成功を祈っています」と言った後に、こう付け足した。

「もしも失敗したら、次はこちらの会社に任せていただきたい」

その電話を切った後に、ベンターは思った。

——このプロジェクトに、2度目のチャンスなどない。失敗など許されないのだ。

自信と不安、その両方がベンターの中に渦巻いていた。

結果的に、セレーラ社は当時、世界で第3位、公的な機関を除いた民間企業としては、世界1位のスーパーコンピュータを導入したのだった。

また、導入を決めたコンピュータメーカーの中でもナンバーワンと目されていた担当のシステムエンジニアは、ベトナム戦争でヘリコプターのパイロットを務め、何度も撃ち落とされながら生還したという強者だった。

「そうでしたか。ベンターさんも、ベトナム帰還兵でしたか」

2人は意気投合し、あの戦争について語り合った。ベトナムでの凄惨な体験は、今もベンターの中で忘れることのできないものだった。

スーパーコンピュータと同時に、1台４５００万円もする最新のＤＮＡ解析装置を、３００台も導入した。地元の電力会社に相談したところ、現状の設備ではこれらの機器が消費する電力を送ることができないと分かり、急きょ、新たな変圧器と電柱が準備されるという一幕もあった。

一方、国際プロジェクトを率いるコリンズは、どうしたらベンターの事業を阻止できるかを関係者と話し合った。その結果、ベンターに協力した科学者の研究費がカットされたり、ベンターに不利益になるような情報を新聞や雑誌に流されたりと、姑息な手も使われた。

人類のもっとも崇高な取り組みであったはずのヒトゲノム解読計画は、泥仕合の様相を呈することになった。とはいえ、セレーラ社の研究には、多くの製薬会社が興味をもっていた。データベースを利用して新薬を開発するための見返りとして、向こう5年間にわたって5億~10億円を支払うという契約を結ぶ会社も出始めていた。

セレーラ社を設立するときに、「いくら儲かるんだ」と言っていた出資者も、研究結果に満足し、ベンターの研究は順調に進んだ。

「プロジェクトは、これ以上望めないほど順調だ。我々がゲノム解読に一番乗りする可能性は極めて高いだろう。そしてその配列は、政府系の研究所が作り出しているものよりも、はるかに精度が高いものだ」

ゲノム解読という輝かしい栄光を今にも手にしようとしていたベンターに、ある日、エネルギー省の友人、パトリノスが電話をかけてきた。

「やぁ、今度の週末、わたしの自宅に飲みに来ないか。そうそう、コリンズも来ると言っているよ」

電話を切った後で、ベンターはしばし考え込んだ。

「パトリノスは友人だが政府の高官だ。大統領から、我々の仲をとりなすように頼まれたな」

実際、コリンズを筆頭とする科学者たちとベンターとの敵対関係は、クリントン大統領も危惧していた。科学顧問の担当者に「このゲノム戦争に片をつけろ。連中を仲直りさせてくれ！」と指示し、その仕事がパトリノスに回ってきたのだ。

ホワイトハウスとの関係を思い、ベンターはこの申し出を受け入れた。ベンター自身、この争いを終わらせたいという思いが強かったからだ。

「そんな話し合いに応じるなんて、とても正気とは思えないわ」

妻のクレアは言ったが、ベンターはその後も、コリンズとの話し合いを続けた。そうして2人は、双方のメンツを保つ、ある合意にたどり着く。

それは、セレーラ社がヒトゲノムの最初の大まかな解読を完了したら、国際プロジェクトのコリンズとともに、ホワイトハウスでクリントン大統領のもと、「ヒトゲノム概要版の解読完了」の共同声明を行うというものだ。

ベンターらはこの9ヵ月でヒトゲノムの99%以上を解読していたのに対して、国際プロジェクトは10年の歳月をかけて86・8%だった。

セレーラ社の仲間たちは激怒した。

「そんなのは、オリンピックのマラソンをトップで走っていながら、ゴール前で立ち止まって、2位の選手と手をつないでゴールするようなものじゃないか」

「敵の鼻を明かし、栄冠を独り占めできる機会をみすみす逃すなんて!」

しかし、ベンターはこう返した。それは、研究を始めた当初から変わることのない、ベンターの率直な思いだった。

「ヒトゲノム解読の目的は競争に勝つことではなく、それによって病気を理解し、治療することにあるんだ」

2000年6月26日。ホワイトハウスの会見場に入っていくクリントン大統領のすぐ後ろを、ベンターとコリンズは歩いていた。大勢の科学者、役人、さらにはイギリスや日本、ドイツ、フランスの大使やジャーナリストが招かれ、共同宣言は全世界に同時中継された。

最初に、クリントン大統領がスピーチをした。ヒトゲノムの解析は人類を月に送ったアポロ計画にも匹敵すると称賛し、国際プロジェクトの世界中の科学者たちとベンターらの貢献を称えた。

次に、衛星中継でつながれたイギリスのトニー・ブレア首相がスピーチを行った。ここでブレアはベンター一人を名指しして、その貢献を称えたのだった。

スピーチは、コリンズの番になった。

「ベンター博士とセレーラ社のチームを祝福したいと思います。今日ここで語られているテーマが、〝競争（レース）〟ではなく〝人類という種（ヒューマンレース）〟であることは、喜ばしい限りです」

それを聞きながら、もしはじめから国際プロジェクトチームが、違う態度でセレーラ社に接してくれていたら、ここまでの経緯はどれほど違っていたかと、ベンターは思わずにはいられなかった。

そんな思いをぐっと胸に押し込めて、彼の次にスピーチを行った。ベンターはアメリカや企業の支援に感謝の意を表し、国際プロジェクトチームの貢献を称えた後、自らの原体験を語り始めた。

「33年前、若き衛生兵としてベトナムで従軍していたころ、人間の生命がいかにはかないものであるかを学びました。壊滅的なダメージを受けながら生き続ける兵士がいる一方で、十分治る見込みがあったのに、生きることをあきらめて死んでいった兵士がいました。その二人を見たとき、精神力は少なくとも人の体の機能と同様に重要であることに気づきました。人間は明らかに、遺伝子の集合体をはるかに超えた存在です」

がんの克服やゲノム研究の展望を述べた後、ベンターはこう締めくくった。

「ヒトゲノムの解読は、生命から神秘をはぎ取り、人間の価値を減少させるという人もいます。詩人の中には、ゲノム解読は自分たちのインスピレーションを盗み取るものだという人もいます。しかし真実は、そのような心配とはまったく逆です。生命をもたない化学物質が、遺伝暗号によって人間の精神というはかり知れないほど重要なものを生み出す不思議さこそが、この先何千年も詩人や哲学者にインスピレーションを与え続けることでしょう」

続いて行われた記者会見では、信じられないほどのテレビカメラと新聞、雑誌の記者が集まり、フラッシュに次ぐフラッシュが、ベンターたちの顔を照らした。

笑顔でその光に応えながら、ベンターは思った。

「この停戦状態が続くといいんだがな。ともあれ、セレーラ社での2年間の中で、今日という日はもっとも誇らしい日だ」

多くの科学者が、この日を「人類史上もっとも意味のある日のひとつだ」と称えた。

人類の母
「ミトコンドリア・イヴ」
を探して
ブライアン・サイクス

1991年9月。ドイツからやって来た夫婦が、アルプス山脈の登山のルートから少し外れた場所を歩いていた。

標高は3516m。周囲は雪と氷で覆われた、零下の世界だ。

しかしこの日はとても天気がよく、まぶしい太陽の光に誘われて、夫妻は解けかけた氷が残る渓谷へと足を延ばしたのだった。

「あなた、あれを見て!」

驚いた声をあげる妻が指差した向こうに、うつ伏せで倒れている人の姿があった。遺体はすっかり凍結し、自然にミイラ化していた。

「かわいそうに。何十年も前に一人でここを訪れて、クレバスに転落した登山者だろう」

この山で登山者の遺体が見つかることは、そう珍しいことではない。夫妻からの通報を受けた警察は、通常の遭難者の遺体として処理しようとした。

行方不明になったままの登山者の記録と照らし合わせた結果、約50年前にこのあたりで消息が途絶えた、イタリア人ではないかと思われた。

しかし、彼の周囲から見つかった登山の道具がどうもおかしい。作りかけの弓矢や、古めかしいデザインの銅製の斧、これはアイスピックだろうか。また皮膚には60個以上の見慣れない入れ墨があり、ヒツジやヤギの皮を縫い合わせて作られた革のコートを着ていた。遺体は司法解剖に送られることなく、オーストリアの考古学者の元へと届けられた。

そこで分かったのは、驚くべき事実だった。

見つかった遺体は、ヨーロッパの青銅器時代前期に生きていた人物だったのだ。実に5000年以上も前である。干からびたその遺体は、考古学的な大発見として世界中で大きなニュースとなり、やがて「アイスマン」と呼ばれるようになった。

遺体はオーストリアの法医学研究所で冷凍保存され、世界各地から国際的な科学者が集められ、精密な調査が行われることとなった。

「サイクス先生、アイスマンをご存じですか」

イギリスのオックスフォード大学で遺伝学の教授を務めていたブライアン・サイクスの元に、一本の電話が届いた。電話は、オーストリアの法医学研究所からのものだった。

「ああ、もちろんだとも。これほどユニークな発見物も、そうはないからね」

医学遺伝学者としてサイクスは自分の研究チームを大学内にもち、日々、遺伝についての研究を行っていた。

「先生は先日、世界で初めて人骨の化石からDNAを取り出すことに成功していますよね。そこで、アイスマンのDNAも見つけられるかどうか、調べていただきたいのです」

DNA（デオキシリボ核酸）とは、遺伝子の本体であり、遺伝子とは、親から子へと伝えられる性質を決定する因子のことだ。

人間の身体は「細胞」という基本単位からできているが、この細胞の「核」と呼ばれる部分に「染色体」があり、この中の「ＤＮＡ」が「遺伝子」としてはたらいている。

つまりＤＮＡは、人間の体をつくる「設計図」に相当する。子どもが親に似るのは、ＤＮＡが父親と母親のそれぞれから同等に、子どもに受け継がれるからだ。

「ありがとう。ぜひやらせてもらいたい。私にしてみれば、それはワクワクする体験だよ」

内心、アイスマンの調査をしたいと思っていたサイクスは、この願ってもない申し出を快く引き受けた。ほんの少しの不安がないわけでもなかったが、サイクスは思った。

――私がこれまで扱ってきた人骨化石と比べてもかなり古いが、なにしろアイスマンは氷の底で眠っていたのだ。きっと、ＤＮＡを取り出せるに違いない。

後日、サイクスの元に届けられたのは、皮膚と骨が混ざったどろどろの物質だった。これを調査した結果、サイクスは、ＤＮＡを取り出すことに成功した。それにより、アイスマンは瞳が茶色のヨーロッパ人であることが判明したのだった。

それだけではない。ヨーロッパじゅうから集めたＤＮＡサンプルの中に、ぴったり一致するＤＮＡが見つかったのだ。

つまり、現代に生きるヨーロッパの人々の中に、アイスマンの親戚が見つかったということである。アイスマンは生きている間に子孫を残しており、その血は脈々と何百世代にもわたって受け継がれ、５０００年後のヨーロッパにも生きていたということだ。

この事実を高名なアメリカの科学雑誌「サイエンス」で発表すると、報道関係者からの問い合わせが殺到した。

「現代ヨーロッパ人の中にＤＮＡがぴったり一致する人間が見つかったたって、それはいったい、どこの誰なんですか？」

「ＤＮＡのサンプルは秘密厳守を条件に提供してもらっているものですから、名前を明かすわけにはいきません」

サイクスは記者の質問を拒んだが、サンプルの番号を確認してみると、それは自らの友人で、アイルランドに住むマリーという女性のものであることが分かった。まったくの偶然だった。サイクスは本人に連絡を取り、この事実を伝え、またマスコミに公表してよいかを尋ねると、マリーは快諾したのだった。

「あの有名人が、わたしの親戚だったなんて……なんだか、絆のようなものを感じるわ」

マリーの言葉を受け、サイクスは感じたままを口にした。

「マリーとアイスマンのように、何千年にもわたってＤＮＡが受け継がれてきたことに、私も感動を覚えているよ。つまり、過去の出来事を解明するうえで、今生きている一人ひとりの人間は、発掘される土器や青銅の短剣と同じくらい貴重な証人になりうるということだからね」

それから数日後、新聞には「アイスマンの親戚、発見」という見出しとともに、マリーの記事が掲載された。

そしてサイクスは、世界各国の人々から集めたＤＮＡについて、できる限りのことを見つけるための研究に取りかかる決意を固めた。

「その中から何が見つかるかは分からない。しかしそれは、祖先から直接届けられたメッセージなのだ。過去は、私たち全員の肉体の中に眠っている」

ちょうどこの時期、サイクスはポリネシアの人々のＤＮＡ調査に没頭していた。話は2年ほど前にさかのぼる――。

１９９０年の秋、サイクスは南の島で休暇を過ごしていた。場所は、オーストラリアと南米の中間あたりに位置するクック諸島の小島、ラロトンガ島だ。

「太平洋を飛行機で横断するのは初めてではないが、こうして熱帯地方の島を訪れるのは初めてだな。ゆっくりと羽を伸ばすとしようか」

ラロトンガを選んだのは、そこなら、高層ビルの立ち並ぶハワイなどとは違い、まるっきり異なる文化に触れることができると思ったからだ。

忙しい研究の合間をぬって、数日間だけ滞在するつもりでいたサイクスは、移動用に観光客向けの小さなバイクを借りた。しかし久しぶりの運転で、サイクスの乗ったバイクはまっすぐヤシの木に突っ込んでしまった。

「このケガが治るまでの数週間は、ここを離れられないのか……やれやれ」

肩の骨を折ったサイクスはやむなく、長期滞在する覚悟を決めた。ラロトンガは小さな島だったが、かつてそこがイギリス領だった名残りで、立派な博物館と図書館があった。

「太平洋に関する書物がとても充実しているな。中に入れば、まるで故郷のイングランドに戻ったような気分だ」

図書館に通い、ビーチを散歩しながら、目の前に広がる広大な海を毎日眺めているうち、サイクスの脳裏に、ひとつの疑問が浮かんできた。

「この島に住む彼らの先祖は、どうやってこの島を見つけ、住み着くようになったのだろう。そもそも、彼らはどこから来たのだろう」

18世紀、太平洋の探検に乗り出したイギリスのクック船長は、この大海原——ハワイ、タヒチ、ニュージーランド——に住むポリネシアの人々が、同じような見た目で、同じような言語を話すことに気がつき、彼らの起源は同じ場所だと推測した。

はるかに離れた場所に住む島民たちであったが、先祖の故郷は共通して「ハヴァイキキ」であるという言い伝えがあった。しかし、その場所がどこであるかは特定されてはいなかった。

船乗りであるクック船長は、その故郷はアメリカ大陸であると考えた。なぜなら、太平洋の風と海流は、アメリカからアジアへと流れていたからだ。アメリカを出発すればその風と海流に乗って島に着くことができるが、逆にアジアからやってきたとすれば、彼らは激しい風と海流に逆らって進まなくてはならない。

「最初に太平洋を航海したスペイン船団でさえ、この風と海流に乗った一方通行しかできなかったのだから、これらの島々の先住民が乗っていたであろう小さな船も、そうだったに違いない。きっと釣りや漁にでも出かけた時に風に流され、これらの島々にたどり着いたのだ」

ヨーロッパ諸国の人類学者たちも、このクック船長の説が正しいと考えていた。

また1947年には、ノルウェーの人類学者で探検家のトール・ヘイエルダールが、その説を証明しようと実験を行っている。南米産のバルサ材などの材料を用いた手作りの舟、コンティキ号で南米の海岸を出発し、約100日をかけ、6400キロも離れたタヒチにほど近いトゥアモトゥ諸島までたどり着いたのだ。

多くの人々の心に、コンティキ号は説得力のある主張として残っていた。つまり、太平洋の島々に住む人々がそこにたどり着いたのは、釣りや漁に出ていてそのまま小島に漂着したのが始まりに違いない、と。

しかしサイクスは、ラロトンガ島に長く滞在している間に、この説に大きな矛盾があることに気がついた。

「もしそうなら、彼らは家族全員と、家畜と、タロイモの苗と、大量の食糧や水を船に積み込んで釣りや漁に出かけたことになるではないか。そんなバカな話があるか!」

まだ航海技術も発達していなかったはるか昔に、入念に計画された探検航海のような高度なチャレンジはできるはずがない。欧米の人類学者たちのそんな独りよがりな考え方に、サイクスはだんだん腹が立ってきた。

「白人たちによる植民地時代のような偉そうな態度は、今ここに住んでいる人々だってひしひしと感じているんだ。だから、彼らが実はアジアからやってきたということを証明すれば、そんな高慢な鼻をへし折ってやれるだろう」

ポリネシア人の先祖が漂流者ではなく、逆風をついて荒波を乗り越えてきた海の達人だという地位を確立したい。

サイクスは心に決めると、現地の病院へとおもむき、自分が遺伝学者であることを告げ、自らの考えを説明して交渉した。

そして、現地の人々の健康診断の検査で残った、35人分の血液のサンプルを譲り受け、イギリスへと持ち帰ったのである。

この調査において、サイクスは特に「ミトコンドリア」に注目した。

ミトコンドリアは、細胞の中に含まれている構造物だ。ミトコンドリアは動植物や菌類など、ほとんどすべての生物の細胞に広く含まれており、細胞や生物の種類によって異なるが、一つの細胞に数十から数千、場合によっては数万という数が存在する。そして、このミトコンドリアの中にもDNAが含まれているのだが、実は、この「ミトコンドリアDNA」は、他のDNAと違い、人類を含めて大部分の動物で、「母系遺伝」をすることが確認されている。

ＤＮＡというのは本来、父母から半分ずつ受け継がれるのだが、ミトコンドリアＤＮＡに限っては、父母から半分ずつ遺伝するのではなく、母親のみから受け継いだものなのである。サイクスがラロトンガ島から持ち帰った血液から遺伝子を検査した結果、９割以上のサンプルが、驚くほど似ていた。

これこそ、ラロトンガ島に住む人々が、先住民から脈々と受け継いできたミトコンドリアＤＮＡだ。

「あとは、これを東南アジア人と南米人のものと比べれば、事の真相が判明する。チリやペルーなど南米の人々から同じ形のものが見つかれば、クック船長の説が正しいことになる。もし東南アジアの人々と同じものが見つかれば、彼の説は間違っていることになる。さらに、どちらの地域からも見つからなければ、誰もが間違っているということになるだろう」

これまで常識とされていたことを覆すような説を唱えることとなった場合には、それだけの説得材料が必要だ。研究をより確かなものとするため、サイクスはラロトンガ島を再訪し、より多くのサンプルを集めることとした。

「ポリネシア人のルーツにまつわる謎を、必ずこの手で解明してみせる」

決意を胸に島を訪れると、サイクスは首相の側近をはじめ、多くの閣僚から大歓迎を受けた。

「ようこそ、おいでくださいました」

「周辺の島々も含め、先生がたくさんのＤＮＡサンプルを集めるための内閣の許可と、保健省の協力体制は整えてあります」

ポリネシアの人々もまた、自分たちの正しいルーツを知りたがっていたのだ。

ポリネシアで見られる家畜や植物のタイプはすべて、東南アジアが発祥であることは分かっていた。しかし、ヘイエルダールの実験やクック船長の説もあり、南米を起源とする説も根強かった。

サイクスは島の人々の協力によって、わずか数週間のうちに、ラロトンガだけでなく周辺の小さな島々まで含め、500人以上ものサンプルを集めた。200年以上にわたって信じられてきた説が正しいのか、間違っているのか、それを明らかにする証拠がそこにあった。

オックスフォード大学に戻り分析を行ったその結果に、サイクスはうなった。

「そうだったのか……！」

島の人々のDNAは、東の南米大陸ではなく、西のアジア大陸に限りなく近いものであった。中でも台湾の人々の遺伝子に、これらの島々の人々の遺伝子はとてもよく似ていた。

「ヘイエルダールは間違っていた。幼い頃に読んだコンティキ号の冒険の物語には大いに胸がおどったものだが、ここに遺伝学が示した証拠がある」

広大な太平洋に点在する島々へ渡った遺伝子の道筋は、これではっきりした。彼らの先祖が壮大な航海の旅に出たのは、南米からではなく、中国か台湾の沿岸からだったのだ。

サイクスがこの研究結果を発表すると、かねてからアジア起源説を唱えていた人類学者たちから、大きな称賛の声が上がった。

サイクスは、ラロトンガでの日々を思い返していた。

「彼らの先祖は、今もあの島々で使われている、胴体を二つ持ったセイル・カヌーで渡ってきたのだろう。ポリネシアに初めて到着したヨーロッパ人は、長さ30メートルにもなるセイル・カヌーを目にしたという記録がある。この事実からも、あの形は代々受け継がれてきたものに違いない」

また、ポリネシア人の起源となった人々が、目に見えないほど遠くにある陸地の存在を信じて舟をこぎ出したことに、サイクスは感心していた。

「雲の形が水平線の向こうにある陸地の存在を知らせたり、漂流物や、渡り鳥たちがそのヒントを与えたりすることもあるだろう。古い船乗りたちによれば、波の動きから島の存在を察知することさえできるそうだ。しかし、そうした情報があったとしても、無事にたどり着けるか分からない未知の土地へとこぎ出すのは、並大抵のことではない」

感心するとともに、サイクスにはまた新たな疑問がわいてきた。

「ポリネシア人の先祖が、わざわざそうした危険な旅に出た理由は何だろう」

最初にポリネシアの島々に上陸した人々の時代から、長い時を経た現在でさえ、島々の人口密度は低い。人口が増えすぎたからやむなく移住をしたわけではないはずだ。

「おそらく彼らを駆り立てたのは、未知の世界を探検したいという衝動だったに違いない」

休暇でラロトンガ島を訪れてから、およそ3年間にわたって調査を行った結果、彼らの祖先に関してはっきりとした答えが出たことに、サイクスは満足感と、一つの確信を得ていた。

「現代人のＤＮＡを調べることで、私が住むヨーロッパという広い地域についても、そのルーツをさかのぼることができるに違いない」

アイスマンが現代のヨーロッパ人とつながりがあることを確認し、ポリネシア人がアメリカ大陸ではなく東南アジアからやってきたことをＤＮＡの研究によって調べ上げたサイクスは、幼い頃に読んだ百科事典に書かれていた言葉をふと思い出していた。

「世界中に散らばっているペットのゴールデンハムスターはすべて、たった１匹のメスから誕生した子孫である」

これを読んだ当時は、そんな話はウソに決まっていると思ったサイクスであったが、ハムスターのミトコンドリアＤＮＡを調べることで、この話が真実なのかどうか、確かめられるのではないかと感じていた。

「もしこの話が本当だったら？　いま生きているゴールデンハムスターのミトコンドリアＤＮＡのサンプルを集め、その配列がぴったり一致するか、非常に似通っているのであれば、すべてのゴールデンハムスターの母となる１匹にさかのぼることができるはずだ」

ゴールデンハムスターは、正確にはシリアハムスターと呼ばれる種類である。サイクスは、全英シリアハムスター協会という団体があることを知り、この協会に聞き取り調査を行った。彼らの話によると、シリアハムスターは、１９３０年代にイスラエルから旅立った動物学の調査隊が、シリア北部の砂漠で見たことのない金色がかった毛並みのハムスターを4匹（オス3匹、メス1匹）捕獲したのが始まりだという。

彼らはそれを母国の大学に持ち帰った。メスはすぐに子どもを産み、やがてその子どもたちが世界中の研究所に送られていったというのだ。

研究用に使われるラットやマウスの代わりとして人気を博したシリアハムスターは、やがてペットとしても人気となり、今日では世界中で３００万匹以上のハムスターがペットとして飼われるようになった。

サイクスは、全英シリアハムスター協会から、世界中に広がるシリアハムスターのブリーダーやオーナーズクラブの連絡先を教えてもらった。そして彼らに手紙を書き、ＤＮＡを取り出すサンプルとして、フンを送ってもらうよう頼んだ。

やがて、各国からハムスターのフンが入った封筒が届けられ、彼はさっそく、その調査を行ったのだった。

最終的に、世界中に散らばっている35匹のハムスターのＤＮＡを調査した結果、サイクスはあの話が本当であったことを確認する。

「今、世界のあちこちにいるシリアハムスターは、たった1匹のメスの子孫だったのだ。シリアの砂漠で捕獲された最初のハムスターから、その孫の、孫の、孫の、孫の、孫……にいたるまで、ミトコンドリアＤＮＡは完璧にコピーされているではないか！」

ハムスターは１年間に４回から５回は子どもを産むことができる。１９３０年から現在まで、少なくとも２５０世代にわたって、ＤＮＡの配列は受け継がれてきたのだ。

「人間の場合、ハムスターと同じようにはならないかもしれない。しかし、ミトコンドリアの根本的な性質を考えれば、高い確率で同様の結果が得られるはずだ」

ミトコンドリアＤＮＡは、母親からしか受け継がれない。男性がそれを受け継いでも、自分の子どもに伝えることはない。母親から娘へと、女性だけを通じて何世代にも伝わっていくという特徴を持っている。そしてハムスターは多くの子を産むが、人間の女性はそこまでの数ではない。

また、母親からのみ受け継ぐということは、その女性が女の子を産むことなく、男子だけ、あるいは子どもそのものを産むことがなければ、その人のミトコンドリアＤＮＡの線は途切れてしまうことになる。

ゴールデンハムスターの調査から得られた結果が、人間にも当てはまるのかどうかは、まだ分からなかった。

またその一方で、サイクスは昔から一つの疑問を抱いていた。

「私という人間は、どこから来たのだろう」

多くの人が抱く疑問を、彼もまた感じていた。

両親のことは知っているし、祖父母のことも知っている。しかしほとんどの場合、それ以上前の代にさかのぼると、霧が立ち込めたようにその痕跡は消えてしまう。

しかし今、サイクスの頭の中で、これまでの研究で手に入れたパズルのピースが、壮大な一枚の絵画になろうとしていた。

５０００年前に生きたアイスマンの親戚が、現代のヨーロッパで見つかったこと。

太平洋の島々に住む人が、東南アジアからやってきたことがわかったこと。

世界中に散らばっているすべてのゴールデンハムスターが、１匹のメスから始まっているという事実。

これらのピースをすべて組み合わせて考えれば、一つの仮説が浮かび上がってくる。

「もしかしたら、現代を生きている数多くの人間のＤＮＡを調べれば、元となる女性にたどり着けるのではないか」

今この時代に生きている人間に目を向けることで、過去の謎を解明できるかもしれないと思ったのだ。その思いは、確信に近かった。そして、現代ヨーロッパ人をはじめとする世界各国の人から集めたＤＮＡについてできる限りのことを調べ、この仮説の証拠を見つけるための研究に取り掛かった。

旧約聖書「創世記」によれば、最初の男女は、アダムとイヴであった。

７日間で天地の万物すべてを創造した神は、その６日目に、地の獣、家畜、土に這うすべてのものを創り、さらに、自分をかたどって土で男を造ったという。また、その男の肋骨の１本から女を造った。男の名はアダム、女の名はイヴ。

神は、２人を祝福して言った。

「産めよ、増えよ、地に満ちて地を従わせ、全ての生き物を支配せよ」

キリスト教では、すべての人類はこの２人――アダムとイヴの子孫であるとしている。地球上に生きる80億人もの人々が、すべてこの２人の子孫だということだ。

ユダヤ教、イスラム教など旧約聖書を聖典（せいてん）とする他の宗教でも同様に、この２人こそが、私たち人類の全ての祖先であると教えている。

もちろん、遺伝学的にというだけでなく、考古学、物理学など、すべての科学的な考え方において、これが事実でないことは明らかだ。

「しかし、私の仮説が正しいとすれば、イヴが存在したことになるのではないだろうか。もちろん、聖書に登場するイヴその人ではなく、遺伝的なつながりを持った人類の祖先としての女性がいたに違いない。その女性こそ、イヴと呼（よ）べるはずだ」

現在生きている一人ひとりの人間のミトコンドリアＤＮＡは、その人の母親から受け継（うつ）いだものだ。その母もまた、自身の母親、つまりはその人にとっての母方の祖母から受け継いでいるのだから、何万年もさかのぼれば、ミトコンドリアＤＮＡのもととなった、たった一人の先祖（せんぞ）に行き着くのではないか、というのが、サイクスが立てた理論「イヴ仮説（かせつ）」である。

オックスフォード大学の教室で、サイクスは改めて学生たちにこの理論の説明をしていた。

「たとえば、ひと組のきょうだいがいたとしよう。彼らの母親はたった一人だ。ではその２人がきょうだいではなく姉妹同士の子ども、つまりいとこ同士だとしたら。その場合は、祖母までさかのぼることで、一人の女性にたどりつくことができる。つまり、彼らのミトコンドリアDNAは、その一人の女性——彼らの祖母とまったく同じものだ。大抵の人は、自分の家に家系図でもない限り、それ以上の祖先をたどることができないだろうが、どんなに過去にさかのぼろうとも、その原則は変わることがないんだ」

できる限り分かりやすく伝えようと、サイクスは学生たち自身を例に説明する。

「それでは、今この教室にいる、そうだな、君と君」

サイクスとたまたま目があった2人は、立ち上がるように促された。

「君たちはきょうだいか、あるいは親戚同士かい？」

「いいえ、違います」

声を揃えて2人は答えた。

「ありがとう、座っていいよ」

そしてサイクスは教室にいる全員を見渡して、言った。

「今立ち上がってもらった2人の母親、祖母、曾祖母と、どんどんさかのぼっていけば、やがてその系列は必ず、ひとりの女性のところで一つになるんだ」

信じられない、というように、教室では生徒たちが顔を見合わせている。

「家族の、教室内の、同じ町の、同じ国の、あるいは世界中の、どの2人の人間をとっても、彼らの母親のそのまた母親の母親と過去をたどっていけば、いずれは共通の母系の祖先でつながっているんだよ。これは、まぎれもない事実だ」

　教室は、いっそうざわついてきた。

「きょうだいやいとこが一人の女性から始まったことは、すぐにわかるだろう？　さっき立ってもらった他人同士の２人と、きょうだいである２人との違いは、その２人の共通の母親となるご先祖様が生きていた時代が、どのくらい昔かということだけだ」

　ここでサイクスは少しだけ、声のボリュームをあげた。

「確かにこの答えを、記録をたどって役場で調べることはできない。しかし、ＤＮＡの記憶が消えることはないんだ。ミトコンドリアＤＮＡを使えば、女性だけが次の世代に受け渡せるという特別な性質のおかげで、その正確な道筋をたどっていけるということなんだ。つまり、私はこう考えている」

　学生たちの真正面に立ち、教壇に手を載せると、サイクスはその場にいる全員をゆっくりと見渡してから言った。

「現在地球上に住む約53億人が持っているミトコンドリアＤＮＡの起源をたどれば、すべての人が、人類として姿を現した太古の時代まで、すべて一本の線でつながっているのではないかとね」

　１９９０年代のはじめは、ＤＮＡのサンプルを調べるために、血液が必要であった。これは特に子どもたちを対象にした場合、指先にチクリと針を刺さなくてはならないため、とても手間のかかる作業だ。

しかし数年の後には、頬の内側を小さなブラシでそっとこするだけで、DNAをたっぷり採取できるだけの細胞が表面から取れることが分かった。

また、サンプルからDNAを取り出すのも手作業で数日をかけて行われたが、これもまた、機械を使って自動的に行えるようになった。

そうした作業の効率化によって、サイクスの調査は順調に進んでいった。

また、ミトコンドリアDNAは、1万年に1度ほどの頻度で突然変異が起こるため、これを時代の目安として利用することができることもはっきりした。

サイクスが教室で語っていた、2人の人物をさかのぼれば、必ず1人の母親に行きつくという例で考えてみればわかりやすい。2人に共通する母親が数百年前に生きていたのなら、異なる配列はない可能性が高い。1万年以内に生きていたら突然変異による異なる配列が一つ見つかる。2万年前に生きていたなら、二つの異なる配列が見られるということだ。

サイクスの研究チームはヨーロッパじゅうから、DNA配列を集めた。また、1995年頃からは、スペインやスイス、サウジアラビアなど遠くの国々のDNA配列も、科学誌上で発表されるようになっていった。

そうした助けもあり、サイクスはサンプル数をさらに増やすことができたのだった。

サイクスがイヴ仮説の研究を始めてから、あっという間に10年の歳月が流れた。

幾度にもわたる検証、そして失敗を経た結果、サイクスはついに、現代ヨーロッパ人の95%が、途切れることのない遺伝子的つながりを遠い過去までたどれるという結論に至った。そしてその道筋が、４万５０００年から１万年前の時代に生きた、７人の女性につながることをつきとめたのだ。

つまり、ヨーロッパに生きる６億５０００万人の人々は、７人の女性を先祖として、全員が「親戚」ということになるのである。

ここまで分かったところで、サイクスは彼女たちに大きな親近感を覚えていた。

「７人の女性たちに、名前をつけよう」

イタリアの遺伝学者が発明した分類システムを基にして、サイクスはこの７人を、アースラ、ジニア、ヘレナ、ヴェルダ、タラ、カトリン、ジャスミンと名付けた。

「ヨーロッパで暮らすほぼ全員が、彼女たちとへその緒のようなつながりをもっているのだ。なんということだろう」

もちろん、その時代に女性がこの７人しかいなかったというわけではないし、そんなことはありえない。

当時を生きたほかの女性とこの７人との違いは、途切れることなく母系の系列が現在までつながっているということだ。彼女たちと同じ時代に生きていた数多くの女性たちにも、たくさんの娘や孫娘がいたに違いない。しかし、その子孫たちはどこかの時点で子どもを産まなかったり、息子だけしか産まなかったりしたために、ミトコンドリアＤＮＡの系列が途絶えてしまっているのだ。

さらに、ヨーロッパの母親が7人にまでさかのぼったように、世界全体を調べてみると、35人の女性につながることがわかった。そして、彼女たち35人の祖先をさらにさかのぼると、15万年前にアフリカ東部にいた、一人の女性にたどりついたのである。

「とうとう見つけたぞ!」

その発表を受け、マスコミは彼女に「ミトコンドリア・イヴ」という名前をつけた。

15万年前の氷河期、地球が氷に覆われ、海面は今より100m以上も下にあった時代を生きた彼女こそ、私たち約53億人一人ひとりの母系祖先の根本に位置する母なのだ。

サイクスが専門としている遺伝学だけでなく、遺跡や化石などから、かねてより人類の起源がアフリカであることは判明していた。15万年前の人口は、推定1000〜2000人であったという。当時の人類は、現在の類人猿のように、絶滅の危機に瀕していたのだ。

彼らは小さな集団ごとにアフリカ大陸に広く散らばり、植物を採ったり狩りをしたりして暮らしていた。長い距離を移動し、転々としながら木の実や果物を食べ歩いていたのである。

人類の祖先は食料を求め、また好奇心から、何度もアフリカ脱出を試みたと考えられている。そのルートはアフリカ大陸が地続きになっている北の方角、現在のエジプトからイスラエルに進んだというのが従来の説であった。

これに異を唱えたのが、人類学者のスティーヴン・オッペンハイマー教授だ。

オッペンハイマー教授は、イヴ仮説に基づいた遺伝子の分析と太古の気候変動の研究とを組み合わせ、新たな学説を打ち出した。ソマリアの北から紅海をわたってアラビア半島に上陸したとする「南ルート」によって、人類はアフリカを旅立ったとしたのだ。

この海峡は現在、流れが非常に激しく船で渡ることは困難だが、10万年前は海面が今より50m以上下にあったため、当時の人類は飛び石を渡るようにして海峡を渡り、イエメンに行けたはずだ。一方、従来の定説であった「北ルート」は、それ以上先に進むためには、サハラ砂漠を渡らなくてはならない。しかも当時は、今よりもっと気候が乾燥していたことも分かっている。砂漠を横断するのは困難だっただろう。

南ルートでアフリカを脱出した人数は150~200人程度の集団であったと推測される。少なくともそれくらいの数でなければ、集団として生き残れなかったと考えられるからだ。そうでなければ、飢えや病気に耐えることはできなかっただろう。

そして、サイクスはまた、信じがたい事実をも、遺伝学によって調べ上げることに成功した。「約10万年前に、アフリカには13の集団がいたことまでは分かった。しかし世界の他の地域の遺伝子グループからは、そのうちのひとつの集団のものしか見つかっていない。ということは、当時、アフリカから他の地域に移住したのは、13の集団の中のたった一つの一族だけということになる」

唯一アフリカから出ていったこの一族の始まりとなった祖先の女性を、サイクスは「ララ」と名付けた。

「アフリカ以外の地域の全員が、その母系先祖をララまでたどっていけるというのは、驚くべき結論だ。つまりララは、アフリカ以外の世界の人々にとっての、ミトコンドリア・イヴと呼べるだろう」

ただし、ララ自身は、アフリカ大陸に残り、ここで生涯を閉じている。なぜそれが分かるかといえば、現代アフリカ人の多くが、ララの一族に属しているからだ。

その一方で、ララ以外の母系をもつ人々は、世界中でアフリカ大陸にしかいない。つまり、イヴを頂点に、何人かの女性が枝分かれし、その中の多くはアフリカ大陸に留まって子孫を残し、ララの子孫の一族だけが大陸を離れていったということになるのだ。

そうして、ララの娘を含む数百人ほどの集団は恐らく、スティーブン教授が提唱する南ルートでアフリカを旅立った。

乾燥し、塩分の多いアフリカ東海岸とは異なり、イエメンは緑の豊かな土地だ。真水も、食料となる獲物も、植物も多く、生活するには恵まれた環境だっただろう。

やがてその子孫は中東の民族となり、さらに4万年後には、北に進んでヨーロッパに定住した。さらに別の集団は海産物をとりながら海岸沿いに東に向かい、インド洋に達し、さらに温暖な気候を求めて移動していった。

ララの子孫たちはイエメンから散り散りに分かれ、二度と会うことはなかった。ある集団は北へ、またある集団は東へ、西へ。そうしてアフリカをたった小さな集団は、ヨーロッパ人となり、インド人となり、東南アジア人となり、中国人となり、さらにはアメリカ先住民となっていったのだ。

紫外線の強い赤道周辺から、南北に分かれていった人類の肌は、だんだんと薄くなっていった。アフリカを旅立ったときに濃い色だった肌は、およそ2万年をかけて、白く変化していったと考えられている。


「私の祖先について、ぜひサイクス先生に調べてもらいたいんです」

イヴ仮説を発表した後、サイクスの元には、自分のDNAを調べてほしいというリクエストが数多く寄せられるようになった。

イギリスに住む黒人女性、ジェンダイ・セーワーもそのひとりだ。

「私の両親は10代の時、ジャマイカからイギリスにやってきました。そして2人は結婚し、私が生まれたのです」

彼女はイギリス西部の港湾都市、ブリストルで生まれ育ったと語った。

「両親の祖先たちは、農園で働く奴隷として、アフリカから連れ去られてきたと聞きました。しかし、それを記録したものが何も残っていないのです。私たちの先祖はアフリカのどの国に住んでいたのか、それだけでも知りたいんです」

18世紀から19世紀初頭にかけて、アメリカ大陸に住む白人たちはアフリカから数多くの人々を奴隷として連れ去り、働かせていた。その数は2000万人にものぼるとされている。

しかし、その一人ひとりを記録したものは、何も残ってはいなかった。奴隷船に乗せられた男が何人、女が何人といった程度のものしかなく、農園のオーナーに売られた後は、ヨーロッパ人の名前が付けられた。結婚や出産、死亡の記録なども、何一つ残ってはいない。

サイクスは、彼女の境遇を思い、調査に協力することにした。

「ジャマイカで何世代かさかのぼったところで、君の祖先をたどることは不可能だろう。歴史的な推測をすれば、西アフリカから連れてこられてカリブ海の農園経営者に売られた、大勢の人間のうちの一人だということくらいしか分かることはない。さぁ、口を開けて」

サイクスはジェンダイの頬の内側にそっとブラシを当てた。

それから数日後。

「やはり、君のＤＮＡは明らかにアフリカのものだ」

ジェンダイも、サイクスも、そこまではすでにわかっていたことだ。特に驚くことではない。サイクスは言葉を続けた。

「そして、ケニアのキクーユ族のＤＮＡと非常によく似ている。つまり君の先祖は、ケニア人だったと考えて、ほぼ間違いないだろう」

この言葉を聞いて、ジェンダイの目からは大粒の涙がこぼれた。

まるでＤＮＡそのものが、彼女の祖先から送られてきた手紙のようだとサイクスは思った。彼女の先祖は、アフリカからの恐ろしい旅を乗り越え、生き残り、子孫を残した。そしてジェンダイにまで、そのメッセージは伝えられた。

「私はここにいる」と。

ジェンダイの例に限らず、多くの人々のＤＮＡを調べることで、本人も知らなかった先祖の旅路が判明するケースは数多く見られた。

スコットランドの首都、エジンバラに住む女性の教師を調べた時には、南の島に住むポリネシア人のＤＮＡが含まれていた。

「そんなはずはありません。私は、私の両親はもちろん、それぞれの両親まで、過去２００年にまでさかのぼって自分の家族の歴史を知っていますが、そんな遠くの島国の人がいたなんていう話、聞いたことがありません」

「だが、間違いないんだよ。君のご先祖様に会えたら、私も尋ねてみたいね。あなたは、ハンサムな船長と恋に落ちた、タヒチの王女様なのですかってね」

ノルウェーと北スコットランドの漁師たちの中からは、なぜか、韓国人のＤＮＡをもつ人々が少なからず見つかった。

イギリス西部のサマセット州で酪農を営む男性からは、間違いなくアフリカ人のＤＮＡが。

同じくイギリス西部のバースからは、ローマ時代の奴隷のものと思われるＤＮＡが、北西部のマンチェスターの書店員からは、オーストラリア先住民のＤＮＡが見つかっている。

いずれも、エジンバラの教師のように、そんな先祖がいたとは聞いたことがないと口を揃えるが、すべて、まぎれもない事実なのだ。

さらにサイクスの印象に残っているのは、イングランドに大きな城をもつ貴族のＤＮＡを調べた際、一緒に調べた彼の執事のほうが、古くからこの地に住む歴史ある一族の末裔であることが分かったことだった。

「こうしてみると、身分を定めたり、人類を肌の色や髪の色で分類したりすることなど、まるっきりナンセンスだと感じずにはいられないな。われわれ人間は、誰もが完璧な混血なのだ。と同時に、誰もがつながっている。人類が、自分たち全員に共通のルーツがあると理解すれば、差別などは地球上からなくなるだろう」

「イヴ仮説」はあくまで一つの仮説である。人類は約１００万年前にアフリカを出発して地球各地に広がり、それぞれの地域で進化してきたとする説もある。例えば北京原人が中国人に、ネアンデルタール人がヨーロッパ人にという具合である。これを多地域平行進化説という。

一方「イヴ仮説」は、現在の人類はすべてアフリカ起源で、約10万年前にアフリカを脱出したわずかな人々が世界各地に散って、今日の様々な人種になったと考える。これをアフリカ単一起源説といい、現在はこちらの考え方が主流となっている。

「つまり、だ」

サイクスは教壇で、学生たちに話を続けた。

「今、ここにいる君たちの祖先は、エリザベス一世の時代にも生きていたし、バイキングと戦っていた時代にもいた。ローマ時代はもとより、ストーンヘンジが作られた時代にまでさかのぼっても、必ずいた。今ここに、君という人間がいることが、なによりの証拠だ。逆に、これらの時代のどこかで、飢えや病気や、そのほかなんらかの事情によってその祖先の命が絶たれていたなら、今この教室に、君は存在していない」

サイクスは、自らの研究を通じて感じた思いを、学生たちに伝えた。

「今から10万年前にアフリカを旅立った数百人の中にも、祖先がいたということになる。母親が赤ちゃんを産むときの苦痛、生まれた命を大切にする愛情。その子どもが育ってまた新たな命を生み出すというサイクルが、ミトコンドリア・イヴの時代から数えて、およそ７０００世代にわたって繰り返された結果、今の君たちがいるのだ」

「イヴ仮説」は、自分とその祖先たちとが、へその緒で結ばれ続けた深い絆でつながっていることを教えてくれる。

優しく、おだやかな口調で、サイクスはこの日の講義の最後の言葉を述べた。

「顔つきや肌の色が違っても、信じる宗教が違っていても、この地球上に生きる人類はすべてきょうだいなのだ。その証拠が、君たち全員の身体に刻まれているのだから」

科学の
先駆者たち

生命の神秘に
目を見開いて
レイチェル・カーソン

ドォーン、ドドォーン……。海は低いうなり声をあげ、真っ暗な浜辺にくだける波の音だけが響きわたる。

ある秋の夜、レイチェルは幼いロジャーをすっぽりと毛布にくるんで、懐中電灯の明かりをたよりに海岸へと下りていった。

アメリカ東海岸、メイン州ブースベイ近郊にある、サウスポート島。入り組んだ岩礁が続くこの地方の海岸には珍しく、ごつごつした岩場の先には三角州のような小さな砂浜が広がっている。明かりに照らされたその場所は、不思議な力に包まれた秘密の隠れ家のように思えた。

「レイチェルおばちゃん、おばけ！」

「まあ、ロジャー、よく見つけたわね。きっと、ほかにもいるはずよ」

〝おばけ〟というのは夜行性のスナガニ（ゴーストクラブ）のことだ。昼間は波打ちぎわの穴にもぐっているため、なかなか見つけることができない。そこで二人は、夜になるのを待ってカニ探しにやってきたのだ。

もうじき2歳になるロジャーは、レイチェルの姪マージョリーのひとり息子で、海岸の上にあるレイチェルの別荘で夏の数ヵ月をいっしょに過ごした。別荘の周りには針葉樹のトウヒやモミの森が広がり、そこも二人のお気に入りの探検場所だった。

森の小道には、トナカイゴケと呼ばれる地衣類が一面に敷きつめられている。雨が降るとコケは美しい銀色に輝き、水分を含んだスポンジのように柔らかくふくらむ。

「わーい！　緑のじゅうたん！」

ロジャーは大喜びで走りまわり、キャッキャと笑い声をあげてコケの上に飛び込んだ。二人は昼も夜も自然の中を探検して歩き、小さな発見をするたびにいっしょに胸をおどらせた。

レイチェルは真っ暗な海に向かって、大きく息を吸いこむ。

「ああ、いいにおい……」

潮の香りをかぐと、どこか懐かしい気持ちになるのはなぜだろう？　彼女は心の底から生きる喜びがわき上がってくるのを感じた。

はるか遠い昔、最初の生命は海の中で生まれた。海はすべての生き物のゆりかご。そして、今このときも真っ暗な海の中で、無数の小さな生命のドラマが繰り広げられていることを、どれだけの人が知っているだろうか？

ロジャーは暗闇も、とどろく海鳴りの音も恐れず、大きく目を見開いて波打ち際のおばけ探しに夢中になっている。

子どもの頃は誰でも、生き生きとして、見るものすべてが新鮮で美しく、心はいつも驚きと感動に満ちあふれている。そう、かつて彼女自身もそうであったように。

1907年、レイチェル・カーソンはアメリカ・ペンシルベニア州ピッツバーグ郊外、スプリングデールの農場で、3人きょうだいの末っ子として生まれた。父親のロバートは、投資のために広大な原野を購入したが、工場が建つというもうけ話は立ち消えとなり、借金を抱えた一家の暮らしはとても貧しいものだった。木造の小さな家には電気も水道もない。だが幼いレイチェルにとって、手つかずの森と牧場は、そっくりそのまま自然の教室となった。

年齢の離れた姉マリアンと兄ロバートが学校へ行っている間、レイチェルは母につれられて森に探検に出かけた。

「わぁ、母さん見て！　あの木の枝にツグミがいる。こんにちは！　あなたは歌がとっても上手なのね」

「まぁ、おちびさんはもう鳥の名前を覚えたのね。いつお友だちになったの？」

「お友だちは、鳥だけじゃないのよ。ウサギさんに、シマリスさんに、それからちっちゃいアリさんも、みんな大好き！」

そう言うと、彼女は目をキラキラ輝かせて母を見上げた。

母親のマリア・カーソンは、結婚するまで学校の先生をしていた。やはり自然が大好きで、娘といっしょに毎日森の中を歩きながら、ドキドキするような発見の喜びをわかちあう。さなぎから羽化するチョウも、脱皮するヘビも、二人にとっては奇跡の魔法だ。

夏は夜になると、水辺はホタルの明かりとカエルたちの大合唱に包まれる。

「母さん、どうしてこのホタルたちは、お尻をくっつけてるの？」

「このホタルは赤ちゃんを生むために、たった今結婚したのよ」

「だからカエルはお祝いの歌を歌ってるのね、アハハハ！」


ある日、母は草にしがみついていた虫を自分の人差し指にはわせて、娘に見せた。

「見てごらん。鳥も花もこの虫も、みんな一生懸命に生きているのよ。地球にすむ生き物は、みんなそれぞれの役割をもってつながっているの。私たち人間も自然の一部なのよ」

そう言うと、母はその虫をもといた草にそっと戻した。レイチェルは母の顔をじっと見る。まだ小さい彼女には、母の言っていることはよくわからなかった。

「母さん、その虫は何ていう名前？」

「さぁ、母さんも知らないわ。家に戻って、いっしょに本で調べてみましょう」

「うん！　母さん、早く早く！」

母マリアは、娘が豊かな感性の持ち主であることに気づいていた。

「ねぇ、あなた。この前のお話だけど……」

「ん？　ああ、石炭会社にうちの土地を売る話かい？」

「ええ。土地が売れれば生活は助かるけど、きっとレイチェルはものすごく傷つくわ。森がなくなれば動物もいなくなる。あの子にとって森の生き物はみんな友だちなのよ」

「そうだなぁ……マリアンもロバートもそろそろ働きにいける年頃だし、もっといい仕事が見つかれば、土地を売らなくても何とかなるだろう」

　父は、以前、罠をかけて野ウサギを仕留めたときのことを思い出した。傷ついたウサギを見て、いつまでも泣いていたレイチェル。もう、かわいい末娘の泣き顔を見るのはごめんだ……。


　小学校にあがったレイチェルは、友だちと遊ぶよりも一人で本を読むのが好きだった。本には動物や植物のことがたくさん載っていたし、不思議に思うことは何でも教えてくれた。学校の成績はいいけれど、人見知りの彼女にとって、本は親友だった。なかでも一番のお気に入りは、いたずらっこのウサギが登場する『ピーターラビットのお話』だ。

「母さん、私、ピーターに会いたいな。どこに行けば会えるのかなぁ？」

「そうねぇ、ピーターはお話に出てくるウサギだから、作家さんに聞いてみないとね」

「作家ってなあに？」

「文章を書いたり、物語をつくったりする人のことよ」

「すごい！　じゃあ私、大きくなったら作家になって、大好きな動物のお話をたくさん書きたい！」

　レイチェルが小学5年生になると、両親は当時アメリカで人気のあった子ども向けの月刊誌「セント・ニコラス」を買い与えた。毎月の家計はぎりぎりで、たやすい出費ではない。だが母は、娘の文学の才能がいまにも花開こうとしているのを知っていた。

「この雑誌は読者の作文を募集しているんですって。とくに優秀な作文を書いた人には、ごほうびがもらえるのよ。レイチェルは文章を書くのが好きだから、応募してみたら？」

「うん、やってみる！　だけど、どんなお話がいいかなぁ……」

そのころ、ヨーロッパでは第一次世界大戦が始まった。兄のロバートは連合軍の航空隊に入り、戦場で起こったできごとをたびたび手紙に書いて送ってくれた。

「決めたわ。セント・ニコラスに送る作文は、兄さんみたいな飛行機で戦うパイロットの話を書こうと思うの。でも私、飛行機に乗ったことないから……」

「大丈夫、空想のお話にすればいいのよ。そうねぇ、雲の中で敵と味方の飛行機が戦うっていうのはどうかしら？」

母のすすめで初めて書いた作文「雲の中のたたかい」は「セント・ニコラス」で賞を獲得し、レイチェルは賞金10ドルを手に入れた。次々に作文を書いて応募すると、1年間で4回も賞をとって作品が掲載された。彼女の「作家になりたい」という思いはどんどん膨らんでいった。

ある日、レイチェルは暖炉の上の大きな巻き貝を手に取り、そっと耳に押し当てた。かすかに「サーッ」と不思議な音がする。

「あら、何しているの？」

部屋に入ってきた母が、優しく尋ねた。

「こうして貝を耳にあてると海の音がするんだって。父さんが教えてくれたの。ねぇ母さん、海ってどんなところ？　うちの牧場より広いの？」

「もちろんよ。海の中には大きな魚がたくさん泳いでいて、面白い姿をした生き物がすんでいるのよ。それに海の水はね、誰かがお塩をたくさん入れたみたいに、とってもしょっぱいの！」

まだ交通が発達していなかったこのころ、海から何百キロも内陸にある土地では、海を一度も見たことのない人は珍しくなかった。もちろん、レイチェルもその一人だ。

「じゃあ、本で海のことを調べてみましょう」

母といっしょに本のページをめくると、そこには石に描かれた魚の骨の絵があった。

「これは化石といって、遠い昔に生きていた魚が石の中に閉じ込められたものよ」

「あっ、知ってる！　うちの牧場のすぐ近くにもおんなじものがあるわ」

「大昔はこのあたりも海の底だったから、化石があっても不思議じゃないわね」

母の話を聞くやいなや、彼女は外に飛び出した。

「あったわ！」

岩肌に浮き出た小さな魚の骨を、そっと指先でなぞってみる。

「ここが大昔に海の底だったなんて信じられない。海ってどんな感じなんだろう？　いつか本物の海を見てみたいなぁ……」

その夜、レイチェルはベッドに入ったあとも、なかなか眠りにつくことができなかった。目を閉じると、本で見たイルカや魚たちが泳ぎまわり、大きな巻き貝やヤドカリがゴソゴソとうごめく。

――海の生き物はなんてエレガントなのかしら。森のリスやウサギみたいに、この子たちとも友だちになって、すてきな物語を書いてみたい。ああ、どうしてこんなにも胸がドキドキするんだろう……!

「レイチェル! こんなところにいたの? ずいぶん探したのよ」

手入れの行き届いたキャンパスの芝生の向こうから、彼女を呼ぶ声がする。

「ドロシー! あら大変、もうこんな時間。大学新聞に応募する作文のアイデアを考えていたのよ」

高校を首席で卒業したレイチェルは、ペンシルベニア女子大学(現在のチャタム大学)の英文科に入学した。勉強は好きだけど、家のお金のことを考えて進学をあきらめかけていた娘に、大学に進むよう強く背中を押したのは両親だった。

成績優秀なレイチェルには奨学金が与えられた。だが、大学の寮に入るためのお金が足りない。父は農場の一部を手放し、母は家にある銀食器や陶磁器を売ったり、近所の子どもにピアノを教えたりして学費をまかなった。

ペンシルベニア女子大学はピッツバーグ近郊にある伝統あるキリスト教系の名門で、学生には裕福な家庭の子女が多い。そのころの女子大はどこもそうであったように、学問というよりは、花嫁修業として教養に磨きをかけるための学校だった。学生たちは流行りのファッションに身を包み、おしゃれやデートに余念がない。18歳で田舎から出てきたレイチェルは着ているものも野暮ったく、あいかわらず人見知りで、周りの学生と打ち解けるまでには時間がかかった。

「ねぇレイチェル。教養科目は何にするか、もう決めた？」

隣に座ったルームメイトのドロシーが顔をのぞき込む。この大学では2年生になると、専攻とは別に教養科目を一つ選ばなければならない。

「うーん、私は生物学にするわ。大好きな生き物のことが学べるなんて最高じゃない？」

「やっぱりね。それに先生は、あの有名なスキンカー女史よ」

「若くて人気のある先生なんでしょ？　どんな授業なのかしら？　今からワクワクするわね」

生物学の最初の講義で、教壇に立ったメアリー・スコット・スキンカー教授は、教室のすみずみまでぐるりと見わたすとこう言った。

「みなさん、生物学は教室で勉強するものではありません。自然の中に入って、生き物を観察しながら研究をするのです」

明るく自信に満ちた話し方。レイチェルはたちまちその魅力に引き込まれた。

「地球上の生物の中で人間がいちばん偉いというのは、おごった考えです。人と接するのと同じように、自然を愛し、尊重しなければなりません」

それは幼いころ、母マリアが森で教えてくれたこととよく似ていた——生き物はみな、それぞれの役割をもってつながっている。人間も、その一部にすぎないのだと。

生物学の授業は、屋外でフィールド調査をしたり、顕微鏡をのぞいてスケッチをしたりと、幼い頃から自然の中で育ったレイチェルにとってはどこか懐かしさを感じるものだった。子どもの頃から慣れ親しんだ生物の不思議が、生物学を通して明らかにされていく。レイチェルは授業のあとも熱心に質問し、どんどん生物学にのめり込んでいった。それとは反対に英文学の勉強はおろそかになりがちで、書きかけの論文はなかなか筆が進まない。

「もしかして私、作家より生物学者のほうが向いているのかな……？」

当時のアメリカの大学では、自然科学を専攻する女子学生はごくわずか。レイチェル自身、英文学と生物学の両立は難しいだろうと考えていた。文学と科学、どちらを選ぶべきか？　考えても考えても、答えは出なかった。

その夜、レイチェルは寮の自分の部屋で、アルフレッド・テニスンの詩集を読んでいた。外はひどい嵐で、雨が激しく窓を叩きつける。

稲妻を抱きて吹く激しき風をのみこみ
雨　雹　炎も雪も　ロックスレーホールに降らば降れ
風が海へとうなりをあげて吹く
われ　いざ漕ぎ出さん

その詩の一節が、彼女の心の奥にある何かに語りかけてきた。進むべき道はただひとつ、運命はすべて海につながっている――。

2年生最後の学期が終わる頃、自室で机に向かっていたレイチェルは、部屋に入ってきたルームメイトに、きっぱりと告げた。

「ねえ、ドロシー聞いて。私、3年生になったら専攻を生物学に変える」

突然のことに、ドロシーは驚きのあまり大声を上げた。

「ええっ!? 何を言ってるの！ あなたは作家になるんでしょ？ 有名な文学賞をとって、クーリッジ学長も期待されているのよ。ああ、お母様はきっとがっかりなさるわ！ このこと、ご両親にはもう話したの？」

「いいえ。でも生物学を勉強するうちに、これこそが私の進む道だと確信したの。私、スキンカー先生みたいな生物学者になりたいのよ」

「そんな……仕事はどうするのよ？ 女が博士号を取ったって、いい働き口なんてそうそう見つからないわ」

「もう決めたの。大丈夫、しっかり勉強すればきっと仕事だって見つかるわ」

「だめよ！ だって……だって女の科学者なんて、スキンカー先生みたいに一生お嫁にいけなくなっちゃう！」

１９２０年代のアメリカ社会は、今とはまったく違っていた。女性は、大学を出ても、学校の先生になるか、公務員になっても男性のアシスタントのような仕事しかない。だから女性は結婚して家庭に入り、良妻賢母としてふるまうのが当たり前。作家なら結婚したあとも仕事ができるが、男性中心の科学界で研究者としてポストを得るのは、エベレストの頂をめざすのと同じくらい困難だった。

しばらくしてやっと気持ちが落ち着いたのか、ドロシーは「ふうーっ」とため息をつくと、親友の顔をまじまじと見つめた。

――そうよ。レイチェルはおとなしい性格だけど、本当は頑固で強いハートの持ち主。一度決めたことは、どんなことがあろうと絶対に最後までやり遂げるに違いないわ……。

「分かったわ。レイチェル。あなたの決めた道を応援する」

１９２９年夏、レイチェルは東へと向かう汽車に乗っていた。

この年、ペンシルベニア女子大学を優秀な成績で卒業したレイチェルは、メリーランド州ボルチモアにあるジョンズ・ホプキンス大学大学院に進学する。

生物学のスキンカー教授は、レイチェルが４年生のとき博士号を取得するために大学を去り、ジョンズ・ホプキンス大学大学院で学んでいた。レイチェルはスキンカー先生のあとを追うように、迷わず同じ大学院への進学を決めた。

もうすぐスキンカー先生に会える……そう考えただけでうれしくなり、長旅の疲れもどこかへ吹き飛んだ。

「レイチェル！」

「スキンカー先生！　お元気そうでなによりです。どんなにお会いしたかったことか！」

迎えに来てくれた恩師と再会を喜びあうと、彼女は大学院での生活や新しい研究について矢継ぎ早に尋ねた。聞きたいことは山ほどある。

「ところで、先生はウッズホールの研究所でもお仕事をなさったことがあるとか。私、大学院に入る前に、補助の研究員としてそこで6週間の研修を受けることになったんです」

「それはすばらしいわ！　ウッズホールは世界でも最高の海洋学の研究所、生物学の聖地よ。そうそう、あなたはまだ海を見たことがなかったのよね？　あそこなら毎日、好きなだけ海を眺められるわよ!!」

「わぁ、すてき！　ついに海が見られるなんて！」

一週間後、レイチェルはマサチューセッツ州ケープコッドにあるウッズホール海洋生物学研究所に向かった。ケープコッドは大西洋に腕の形のように突き出た半島で、研究所はちょうどその付け根に位置している。

汽車が海岸線に近づきスピードを落とすと、かすかに潮の香りがした。と、いきなり視界が開けて、目の前に大西洋が現れた。沖合から押し寄せる白い波、カモメたちの鳴き声。

「……これが、本当の海。なんて美しいの！」

彼女の頬に、温かいものが伝っていく。生まれてはじめて見る海なのに、懐かしさで胸がいっぱいになった。

スキンカー先生の言ったとおり、ウッズホールでの6週間は人生で最も美しく幸せな日々だった。最新の研究設備に一流の教授たち、目の前の海には海洋生物の豊かな楽園が広がっている。そこで彼女は研究者の卵として寝る間を惜しんで勉強した。昼間は研究所の博士たちの実験の手伝いをし、夜は図書館や水族館で資料をむさぼり読む。

勉強に疲れたら、気分転換に潮風に吹かれ、時を忘れて浜辺を歩き回る。砂浜で見つけた小さな貝やカニともすぐに友だちになった。

「まるで天国にいるみたい。将来ここの研究者になるためにも、大学院でしっかり勉強して早く博士号を取らなくちゃ」

いよいよジョンズ・ホプキンスでの生活が始まった。ところが、大学院の新学期がスタートして間もなく世界大恐慌が起こり、アメリカ社会に暗い影を落とす。

不況の波はまず地方の経済を襲い、両親は土地と農場を処分して娘のいる都会へ引っ越すことにした。そのうえ離婚した姉マリオンと2人の娘も同居することになり、両親と姉一家の生活は学生のレイチェルの肩に重くのしかかった。

レイチェルはサマースクールで教えたり、実験助手のアルバイトをして家計を支えたが、自分自身の研究は遅れるばかり。将来への不安を抱えたまま、予定より1年遅れて修士号を取得したが、博士号を取るためにその先に進むのはあきらめた。

「レイチェル、大学院を退学したって本当なの？」

「はい、スキンカー先生……。うちの家庭のことはご存じですよね。先日父が亡くなったばかりで、私が家族の面倒をみなければならないんです。何か仕事が見つかるといいんですが……」

「それならワシントンにある漁業局のヒギンズ博士に私からも頼んでみましょう。もしかしたら、何か臨時の仕事でもあるかもしれないわ」

スキンカー先生のすすめで、レイチェルは前に一度会ったことのある科学調査部のエルマー・ヒギンス部長を訪ねた。そのころ漁業局では、新しく始まるラジオドラマの脚本家を探しているところだった。

「カーソンくん、前にも言ったように、ここにはきみが希望するような仕事はないよ。今は不景気で、男でもなかなか就職できないんだからね」

「はい。ですが、何かお手伝いできることはないかと。あの、もしかしたらラジオドラマの原稿を書く人をお探しではないですか？」

「実はそうなんだが。生物学の知識があって、文章もうまい人がなかなか見つからなくてね」

ヒギンズ部長は少しイライラした口調で答えた。

「それ、よかったら私にやらせていただけませんか？　大学では英文学を専攻していましたし、文学賞をいただいたこともあるんです」

「ふむ、そうだな……。きみの書いたものを読んだことはないが、きみに賭けてみることにしよう」

レイチェルはさっそく、7分間のラジオドラマの脚本を書き上げた。それは「サバの一生」にまつわる話だった。サバは身近な魚であるのに、その生態はほとんど知られていない。それを専門家にしかわからないような難しい話ではなく、みんなが興味をもって聞き入るような楽しいストーリー仕立てにする。それこそがヒギンズの望んでいたことだった。

第1回目の放送「海の中のロマンス」は大きな反響を呼び、レイチェルはドラマの脚本を書くために週2回ワシントンの漁業局に通うことになった。かつては両立できないと思っていた文学と科学が、見事に結びついたのだ。

次に政府発行のパンフレットに載せる「まえがき」を頼まれると、彼女は時間をかけて文学作品のような4ページの原稿を書き上げた。

だれが海を知っているのだろう？　陸での感覚しかしらないあなたとわたしは、波にゆらゆらと浮かぶしずくを知らず、海藻の下に隠れているカニに海水がおしよせていることを知らない——。

「水の世界」と題された冒頭の一文を読むなり、ヒギンズ部長は少し困ったような表情を浮かべて、原稿を突き返した。

「これじゃダメだな。もう一度やり直してくれ」
「どうしてですか？　どこか間違いがあったのでしょうか？」
「いや、これは立派すぎる。パンフレットにはお決まりの簡単な文でいいんだ。……それから、この原稿は『アトランティック・マンスリー』誌に送るように」

力作にダメ出しをされて肩を落としかけていたレイチェルは耳を疑った。

「アトランティック・マンスリー」は、アメリカでも一流の文芸誌で、そこに作品が載れば新人作家として認められたことになる。実のところ、ヒギンズはレイチェルのたぐいまれな才能に圧倒され、驚きを隠せなかったのだ。

「そんな一流誌に私の書いたものが載るわけがない。まったく、部長は大げさなのよ」

彼女は気後れして、不採用になった「水の世界」を棚の引き出しにしまい込んだ。

翌年、レイチェルは州の公務員試験を受けた。難なくトップの成績で合格し、公務員として正式に漁業局に採用された。その仕事ぶりを高く評価していたヒギンズは、彼女を魚専門の調査チームに配属し、魚類保護活動のパンフレットをつくる仕事を与えた。

仕事は楽しくてやりがいがあり、ようやく安定した収入を得られるようになったが、相変わらず家計はぎりぎりだった。そこへ、思いがけない不幸が一家を襲った。もともと体の弱かった姉マリアンが、病気で亡くなったのだ。残された2人の姪の教育費と高齢の母親の世話をするには、とても公務員の給料だけではやっていけない。

「こうなったら、もうこれしかないわ！」

レイチェルは、1年間引き出しにしまい込んでいた「水の世界」を、「アトランティック・マンスリー」誌に送ってみることにした。

「われ　いざ漕ぎ出さん」——海へとつながる運命の扉が開かれようとしていた。

「アトランティック・マンスリー」誌に送った「水の世界」はすぐに編集者の目に止まり、想像力をかきたてられる素晴らしい作品だと高く評価された。そして、編集者のアドバイスで「海のなか」とタイトルを変えて掲載されることになった。科学読み物作家、レイチェル・カーソンの誕生だ。

さらにうれしいことに、「海のなか」が気に入ったという大手出版社から、新しい作品を書いてみないかと誘いがあった。レイチェルはすぐに海の生物をテーマにした作品のアイデアを練り始める。漁業局の仕事はそのまま続けたが、海や水辺のフィールド調査が多く、作品のインスピレーションを得るには好都合だった。

ただ、彼女はすべてを徹底的に調べてから書き始めるタイプだったので、執筆には時間がかかった。ようやく書き上げた原稿がまとめられ、『潮風の下で』が出版された。33歳の遅咲きのデビューだった。

ところが、『潮風の下で』が売れたのはたった2千部。出版の翌月に太平洋戦争が起こり、戦争のさなかに海の生物に関心をいだく人などいなかったのだ。

１９４５年、ようやく戦争が終わると、レイチェルは何年もかけて集めた膨大な資料をもとに、まだ誰も知らない海の素顔について書きたいと思うようになる。

次に出版された『われらをめぐる海』は、その一部が「ニューヨーカー」誌で連載されたこともあって、瞬く間にベストセラーになった。こうした科学読み物がベストセラーになるのは異例のことで、すぐれた作品を表彰する全米図書賞を受賞した。

続く３作目の『海辺』もたちまちトップリストに入り、レイチェル・カーソンは一躍、人気作家として知られるようになる。本が売れたおかげで、レイチェルと家族はようやくお金に困らない暮らしを手に入れることができた。

１９５８年１月。それはレイチェルのもとに届いた一通の手紙から始まった。差出人はオルガ・ハギンズ。マサチューセッツ州で鳥類の保護活動をしている知人からだった。

「オルガからだわ。何かしら……」

レイチェルがメリーランド州シルバースプリングの郊外に新しく購入した家には、森と花々に囲まれた広い庭があり、鳥たちが楽しげにさえずっている。

彼女は明るい光が差し込む書斎の大きな窓のところへ行き、手紙の封を切った。入っていたのは、ある新聞記事のコピーだった。

「昨年の夏、蚊を退治する薬剤をまくために飛行機が町の上を飛びました。いわゆる〝無害〟のシャワーを浴びて、７羽の鳥がただちに死にました。そのまた翌日、３羽の死骸が水浴び場に散らばっていました。私は水浴び場の水を捨ててゴシゴシ洗いましたが、ＤＤＴは決して消すことはできません。……これらの鳥は苦しみのあまり、くちばしを大きくあけ、脚は爪を広げて死んでいました」

ＤＤＴは強い殺虫効果のある化学物質で、戦時中はノミやシラミなどの害虫をなくすため、戦後は農薬としても広く使われていた。人間には害のない「神がくれた薬」と呼ばれ、アメリカ政府のお墨つきで大量に生産されていた。

一方で、その安全性に疑いの目を向ける人たちもいた。オルガ・ハギンズもその一人で、この問題について調べてほしいと、有名になったレイチェルに頼んできたのだ。

手紙を読むなり、彼女は直感した。

「これは、何か大変なことが起きている……」

レイチェルはすぐに、この問題に関心をもちそうな科学者や作家に協力を求める手紙を書いた。さらに自分でも、さまざまな論文や化学の専門書、被害を受けた住民が起こした訴訟の記事など、おびただしい量の資料を手に入れてくわしく調べ始めた。

調査結果は、彼女が考えていた以上に恐ろしく、ショッキングなものだった。森にいる害虫を退治するために空から大量にＤＤＴがまかれた場所では、草花は枯れはて、死んだ鳥たちが地面に落ちている。鳥はDDTのついた虫を食べて死んでしまい、天敵がいなくなったダニが木々を枯らした。

もっと深刻なのは人間への被害だ。大量のDDTをかぶった農夫は、そのわずか2ヵ月後に亡くなった。DDTは人の体に入ると、長く体内にとどまって内臓を破壊する。そのためさまざまな病気を引き起こし、人が命を落とすことも少なくなかった。

「知れば知るほどDDTは恐ろしい薬品だわ。早くこのことを世の中に知らせなくては」

レイチェルは調査結果をたずさえて、世界中にたくさんの読者をもつ「リーダーズ・ダイジェスト」誌の編集長を訪ねた。

「DDTはとても危険な薬品です。政府は人には害がないと言っていますが、安全性は確かめられていません。いますぐ使用をやめなければ、大変なことになります」

「何人も死んだと言われても、DDTが原因だっていう証拠はあるんですか？　科学的な裏づけがなければ、うちの雑誌にそんな記事を載せることはできませんね」

「ですから、それを証明するために……」

「それに、農薬会社から訴えられたらどうするんです？　裁判に負けたら、莫大な賠償金を払うことになって、うちはたちまち倒産してしまいますよ」

レイチェルはあちらこちらの出版社を回ったが、農薬業界から多額の広告費をもらっているためか、記事を載せてくれるところはない。だが、彼女はあきらめなかった。

「DDTは神がくれた薬なんかじゃない。どんなに時間がかかっても、必ずその危険性を科学的に証明してみせるわ」

彼女がDDTの危険性について本を書こうとがんばっていたころ、母マリアが亡くなった。彼女に命の美しさを教えてくれ、いちばんの理解者だった母を失い、レイチェルは打ちのめされた。2年ほど前に姪のマージョリーを亡くし、幼いロジャーを引き取って養子にしたばかりというのに。だが、恐ろしい病の影は、やがて彼女自身にもしのびよってきた。末期の乳がんだった。

「どうして私が……あぁ神様、お願いです。もう少しだけ私に時間をお与えください!」

だが、すでにがんは全身に広がり、ペンをとることさえ難しくなっていた。そのため彼女は仕事を手伝ってくれる人を雇うことにした。秘書のジーン・デイビスはベッドのそばに座り、レイチェルが話す言葉を一つひとつタイプライターで打ち込んでいく。本の原稿は1枚、また1枚とできあがっていった。

「先生、お顔の色が悪いわ。少し休みましょうか?」

「うーん、はじまりの部分がどうしても思いつかないのよ。わかりやすくて、みんなを引きつけるような書き出しがいいんだけど……。気分転換に、ちょっと外の空気を吸いに行きましょう」

ジーンの押す車椅子で庭つづきの森に入っていく。目を閉じると、故郷スプリングデールの光景がまぶたに浮かんできた。幼いレイチェルは森の中で鳥やウサギと遊んでいる。すると、まるで雪のように空からふわふわした白い粉が降ってきて、動物たちは激しく震えはじめた……。

「ジーン、これだわ！　本のはじまりはこうよ」

アメリカの奥深く分け入ったところに、ある町があった。自然は沈黙し、薄気味が悪い。鳥たちはどこへ行ってしまったのか。みんな不思議に思い、不吉な予感におびえた。……春が来たが、沈黙の春だ。いつもなら鳥たちの鳴き声が響きわたるのに、いまは物音ひとつしない。……魔法にかけられたのでも、敵に襲われたのでもない。すべては人間が自らまねいた禍だった。

１９６２年、４年の月日をかけて『沈黙の春』は完成した。

出版前に本の内容を要約したものが「ニューヨーカー」誌に掲載されると、アメリカ社会は大騒ぎになった。予想どおり農薬会社は出版をとりやめるよう激しく妨害してきたが、燃え上がった世論はもはや誰にも止められなかった。

本が出版されると、論争はいよいよ激しさを増した。政府の役人や科学者の中には、本に書かれていることは非科学的だと言って非難する人もいたが、その内容はすべて科学的な根拠に基づいて書かれていたため、農薬会社は訴えを起こすことができなかった。レイチェルは体の痛みをこらえながら何回も討論会に出席し、ＤＤＴの使用を規制するよう訴えた。

『沈黙の春』はすぐにミリオンセラーになり、世界のたくさんの国で翻訳された。彼女が生命を削って書きあげた作品は、それ自身が新しい生命を得たのだ。本を読んだ多くの人々は、人間の利益のためなら自然を破壊してもよいという考え方を変えようと動き始めた。

「ああ、本当によかった。私にできることは全部成し遂げたわ。母さん、ありがとう。きっとまたすぐに会えるから……」

レイチェルがこの世を去った翌年、友人たちは彼女が残した原稿をまとめて1冊の本を出版した。『センス・オブ・ワンダー』と題された写真入りの小さな本は、女性誌「ウーマンズ・ホーム・コンパニオン」に連載されたエッセイをまとめたものだ。

レイチェルは、メイン州ブースベイからほど近いサウスポート島に小さな別荘をもっていた。それは44歳のときに発表した2作目『われらをめぐる海』の成功でようやく手に入れたもので、海に臨む針葉樹の森の中に建てられていた。

彼女は姪のマージョリーと、その息子ロジャーとともに、夏の数ヵ月をその別荘で過ごした。「子どもたちに驚異の目を見はらせよう」というタイトルのエッセイは、幼いロジャーといっしょに別荘の周りの海岸や森の中を探検した体験をもとに、自然や生き物へのあふれる思いが詩のように美しい文章でつづられている。

目、耳、鼻、すべての感覚を研ぎ澄まして自然の中を探検すれば、周りにあるすべてのものに心が開かれていく。毎日目にしていても、本当は見えていないことも多い。見過ごしていた自然や生命の美しさに気づくには、いつも自分自身にこう問いかけるとよい。「もしかして、それは一度も見たことがないものだとしたら？　二度と見ることができないものだとしたら？」

もしあなたがレイチェルに、生き物のことをよく知るにはどうすればよいかと尋ねたら、彼女はやさしく微笑んでこう答えるだろう。

「〝知る〟ことは〝感じる〟ことの半分も重要ではないのよ。美しいものを見て美しいと感じたり、新しいもの、不思議なものにふれて感動する心を持ち続けていれば、人生に飽きたり、疲れて生きるのがいやになったりすることは、決してないでしょう」

1964年4月14日、燃えるような夕日がシルバースプリングの森に沈む頃、レイチェル・カーソンは56歳の生涯を閉じた。その遺灰は彼女が望んでいたように、友人たちによってサウスポート島の岩礁海岸から愛する海に還された。

「すべてのものはついには海に還っていく——大陸をめぐる大海原の流れの中に、時の流れと同じく永遠に流れ続ける。それは始まりであり、終わりでもある。」（『われらをめぐる海』最終章より）

参考文献

【生命の不思議に魅せられた人々】

『アリストテレース動物誌（上）（下）』（島崎三郎 訳、岩波文庫）

『90分でわかるアリストテレス』（ポール・ストラザーン著、WAVE出版）

『アリストテレス　生物学の創造　上』（アルマン・マリー・ルロワ著、みすず書房）

・日下部義信　講義資料（第二章アテナイの哲学　第十二節アリストテレス）

『新版・図説 種の起源』（東京書籍）

『ダーウィン自伝』（筑摩書房）

『チャールズ・ダーウィン、世界をめぐる』（廣済堂あかつき）

『盲目の時計職人』（リチャード・ドーキンス 著、日高敏隆 監修、中島康裕・遠藤彰 翻訳、早川書房）

『科学感動物語8』（学研教育出版）

『メンデル解題：遺伝学の扉を拓いた司祭の物語』（中村千春 著、神戸大学農学部インターゲノミクス研究会）

『科学感動物語10』（学研教育出版）

『ダークレディと呼ばれて　二重らせん発見とロザリンド・フランクリンの真実』（ブレンダ・マドックス 著、福岡 伸一監訳、鹿田昌美 翻訳、化学同人）

『二重らせん』（ジェームズ・D・ワトソン 著、中村桂子・江上不二夫 翻訳）

『科学感動物語12』（学研教育出版）

『ヒトゲノムを解読した男　クレイグ・ベンター自伝』（クレイグ・ベンター 著、野中香方子 訳、化学同人）

『ゲノムを支配する者はだれか―クレイグ・ベンターとヒトゲノム解読競争』（ケヴィン・デイヴィーズ 著、中村桂子 監修、中村友子 訳、日本経済新聞社）

『遺伝子の世紀―21世紀“最大の科学”の予感（Gakken mook―最新科学論シリーズ）』（矢沢サイエンスオフィス 編、学研）

『イヴの七人の娘たち』（ブライアン・サイクス 著、大野晶子 訳、ソニーマガジンズ）

『海のモンゴロイド―ポリネシア人の祖先をもとめて』（片山一道 著、吉川弘文館）

『人類の足跡10万年全史』（スティーヴン・オッペンハイマー 著、仲村明子 訳、草思社）

『センス・オブ・ワンダー』（レイチェル・カーソン 著、新潮社）

『潮風の下で』（レイチェル・カーソン 著、岩波書店）

『われらをめぐる海』（レイチェル・カーソン 著、ハヤカワ文庫）

『沈黙の春』（レイチェル・カーソン 著、新潮文庫）

『レイチェル・カーソン（上・下）』（ポール・ブルックス 著、新潮文庫）

『レイチェル・カーソン　いまに生きる言葉』（上遠恵子 著、翔泳社）

『13歳からのレイチェル・カーソン』（上遠恵子 監修、かもがわ出版）

『センス・オブ・ワンダーへのまなざし』（多田満 著、東京大学出版）

『知っておくべき世界の偉人4　レイチェル・カーソン』（パピルス 文、白ひげくじら　絵、岩崎書店）

※そのほか、多くの書籍、論文、Webサイト、新聞記事、映像を参考にさせていただいております。

NDC280

科学の先駆者たち

❹ 生命の不思議に魅せられた人々

Gakken　2023　278P　22cm
ISBN　978-4-05-501400-7

2023年2月28日　第1刷発行

発行人　土屋徹
編集人　芳賀靖彦
企画・編集　目黒哲也
発行所　株式会社Gakken
〒141-8416　東京都品川区西五反田2-11-8
印刷所　大日本印刷株式会社
DTP　株式会社 四国写研

●お客様へ
[この本に関する各種お問い合わせ先]
○本の内容については、下記サイトのお問い合わせフォームよりお願いします。
https://www.corp-gakken.co.jp/contact/
○在庫については TEL03-6431-1197(販売部)
○不良品(落丁・乱丁)については TEL0570-000577
学研業務センター　〒354-0045　埼玉県入間郡三芳町上富279-1
○上記以外のお問い合わせは TEL0570-056-710(学研グループ総合案内)

科学の先駆者たち